Hermann Osthoff

Zur Geschichte des deutschen Adjektivums

Hermann Osthoff

Zur Geschichte des deutschen Adjektivums

ISBN/EAN: 9783743381537

Hergestellt in Europa, USA, Kanada, Australien, Japan

Cover: Foto ©Thomas Meinert / pixelio.de

Manufactured and distributed by brebook publishing software (www.brebook.com)

Hermann Osthoff

Zur Geschichte des deutschen Adjektivums

Zur geschichte
des
schwachen deutschen adjectivums.

Habilitationsschrift,

durch welche

mit zustimmung der philosophischen facultät der universität Leipzig

zu seiner

donnerstag, den 21. october 1875. mittags 12 uhr

im auditorium nro. 6. des Bornerianums

zu haltenden probevorlesung:

Über den gebrauch des verbalstammes im ersten glide deutscher und griechischer nominalcomposita

ergebenst einladet

dr. Hermann Osthoff.

Vorbemerkung des verfassers.

Die arbeit war der philosophischen facultät in grösserem umfange vorgelegt, doch ist mit deren genemigung nur der nachstehende teil zum zwecke der habilitation gedruckt worden. Das ganze wird binnen kurzem als **der zweite band** meiner „**Forschungen im gebiete der indogermanischen nominalen stammbildung. Jena. Hermann Costenoble.**" erscheinen, und ich verweise hinsichtlich des inhalts des noch zu erwartenden vor der hand auf die am schlusse diser schrift beigedruckten thesen.

Scherer, der letzte, welcher es meines wissens versucht hat, die bestimmte form des deutschen adjectivs irem ursprunge nach aufzuhellen, spricht in seinem werke ‚zur geschichte der deutschen sprache' s. 408. über die früheren deutungsversuche und zugleich über den von im selbst angestellten und damit über den ganzen stand diser schwirigen frage das resignierte gesamturteil aus: „Es gibt mancherlei erklärungen des schwachen adjectivs, darunter keine überzeugende und abschliessende. Leider kann auch ich eine solche nicht in aussicht stellen." Es leuchtet ein, dass ein solches bekenntnis eines der namhaftesten forscher auf deutschem sprachgebiete und eines solchen, der auch mit dem rüstzeug einer umfassenden allgemeinen sprachenkenntnis den deutschen formenbau zu ergründen weiss, wol zu einer erneuerten untersuchung des fraglichen gegenstandes anreizen kann. Über die wichtigkeit einer derartigen wideraufname der untersuchung auch nur ein wort zu verlieren, wäre so überflüssig wie nur etwas sein könnte. Die bildung der sogenannten schwachen adjectivform ist ein so charakteristisches merkmal der deutschen sprache, schneidet so tief in den ganzen bau derselben ein, dass eine erforschung des ursprunges diser eigentümlichkeit entschiden zu den lonendsten aufgaben der linguistik gehört.

Woran ligt es, dass Scherer noch immer die überzeugende und abschliessende erklärung vermisst? Ist man denn bisher noch durchaus in der irre gegangen und hat sich noch nichts gefunden, was der forderung des δός μοι ποῦ στῶ genüge leisten, als anhaltspunkt wenigstens zu einer befridigenden und stichhaltigen erklärung dienen könnte? So schlimm steht die sache offenbar nicht. Der richtige weg ist, wie wir sehen werden, tatsächlich bereits betreten, und einiges an den bisherigen aufstellungen darf den anspruch auf haltbarkeit machen und ist geeignet, dass wir darauf als auf einem gewonnenen sicheren grunde weiter bauen. Eine etwas eingehendere kritik der jüngsten deutungsversuche wird darum nötig sein, um durch prüfung und sichtung jenes, was haltbar erscheint, festzustellen und uns anzueignen.

Die älteren erklärungsweisen dürfen wir getrost übergehen, zumal da Scherer a. a. o. eine kurze übersicht und würdigung derselben gibt. Nur so vil sei hier für den zusammenhang gesagt: alle jene älteren erklärungen haben das mit einander gemein, dass sie die deutung des charakteristischen merkmals der schwachen adjectivflexion, des nasals, in der anname eines dem einfachen stamme rein äusserlich suffigierten elements, eines pronominalen oder artikelartigen oder gar bedeutungslosen ,bloss anhelfenden' zusatzes fanden. Eine solche anname genügt dem standpunkte der heutigen sprachwissenschaft nicht mer, für welche wol so vil als ausgemacht gilt, dass der schlüssel zur lösung des rätsels auf dem boden der nominalstammbildung selbst und nirgend anderswo zu suchen ist. In disem lichte besehen verdienen heute nur noch zwei von allen deutungsversuchen unsere berücksichtigung, der von Leo Meyer in seiner schrift ,über die flexion der adjectiva im deutschen' s. 37 ff. angestellte und die von Scherer selbst mit zurückweisung der Meyer'schen versuchte erklärung. Wir beginnen, der chronologischen ordnung entgegen, mit der prüfung der Scherer'schen hypothese. Da dise den Meyer'schen deutungsversuch zur voraussetzung hat, so wird aller warscheinlichkeit nach schon bei der betrachtung der späteren ansicht auf die schwächen der ir zeitlich vorhergehenden einiges licht fallen.

Scherer a. a. o. s. 428 ff. geht aus von der endung des gen. plur. der weiblichen -$\bar{a}$-declination im althochdeutschen. Er findet in dem ausgange -$\bar{o}no$ des nomens ahd. geba denselben ausgang wider, der im sanskrit und altbaktrischen überhaupt den -a-stämmen als der regelmässige zukommt, nemlich -$\bar{a}n\bar{a}m$. Da dises -$\bar{o}no$ von gebôno nun tatsächlich mit dem ausgange desselben casus der schwachen feminina übereinstimme, so sei es nicht unmöglich, dass wegen der gemeinsamen pluralischen genitivendung die eine wortclasse, die der nasalen nominalstämme, auf die andere mit dem alten stammauslaut -ā der art eingewirkt habe, dass die letzteren sich auch in anderen casus und nach und nach ganz der n-declination angeschlossen hätten. Scherer findet dann auch noch eine andere spur solcher einwirkung der n-stämme auf die classe mit suff. urspr. -ā in dem rein erhaltenen ahd. alts. -a des nom. sing. geba, wo der ungetrübte a-laut in folge der ursprünglichen nasalierung wie in zunga (st. *zungān-) bewart gebliben sei. S. 430 heisst es dann weiter, dass ‚der genitiv plur. -ānām ausreiche, um zur folgerung eines stammes auf -ān- zu verfüren; dise folgerung sei der ursprung des schwachen femininums'. Der ausgang -ānām werde aber, wie es im sanskrit der fall sei, so auch im deutschen ursprünglich nicht auf das femininum beschränkt gewesen sein; auch masculine -a-stämme, obgleich eine spur davon nicht vorhanden sei, würden in gehabt haben. So seien denn auf die bezeichnete weise ‚germanische masculina und feminina aus -a- und -ā stämmen -an- und -ān-stämme geworden': vergl. s. 435. Disem wandel hätten sich adjectiva im masc. und fem. angeschlossen und das neutrum werde nicht lange hinter inen zurückgebliben sein. Die so entstandenen auf den nasal ausgehenden adjectivstämme wären aber ursprünglich in engster verbindung mit dem pronominalstamme ta- gebraucht worden und dise ganze adjectivflexion hätte dann eine ältere dem slawisch-litauischen adjectivum änliche weise, die der verbindung des adjectivstammes mit nachfolgendem pronomen ja-, im historischen verlaufe des sprachlebens abgelöst.

Abgesehen von allem anderen, abgesehen namentlich von dem überaus gekünstelten charakter diser ganzen theorie des geistreichen germanisten, so fragen wir zunächst nach der historischen berechtigung jenes ahd. femininen gen. plur. -ōno, auf den das ganze system der erklärung aufgebaut ist.

Dass dem ältesten vertreter des deutschen sprachstammes, dem gotischen, und nicht weniger dem altnordischen ein solcher gen. plur. wie ahd. alts. gebōno, ags. gifena felt, das gotische vilmer nur gibō, grdf. *gibōm aus *giba-om, das altnordische nur giafa kennt und demnach nirgends eine spur von einem anderen pluralischen genitivsuffixe als -om auf ostgermanischem sprachboden aufzuweisen ist, übersiht Scherer nicht (vergl. s. 428.); es ist im aber kein hindernis, dennoch das ahd. -ôno für eine uralte und von alters her in der deutschen -a-declination wol berechtigte genitivendung zu halten und sie zum ausgangspunkte so folgenschwerer ereignisse in der deutschen formenbildung zu machen. Scherer räumt dem princip der formenübertragung, wie wir eben auch an unserem beispile sehen, die allerweitest gehenden concessionen ein. Sollte es im selbst nicht warscheinlicher vorkommen, dass es sich vilmer so verhalte, wie schon Jak. Grimm urteilte gesch. d. deutsch. spr. s. 949., dass nemlich jenes ahd. -ôno selbst bereits eine übertragung, und zwar die erste und älteste — denn es folgten ir allerdings noch vile nach - aus der declination der n-stämme in die der sogenannten starken feminina sein könnte?

Ferner aber soll dasselbe ahd. -ôno dem genitiv auf -ānām in der a-declination der arischen sprachen gleich stehen, und Scherer glaubt neben dem -ām und -sām als drittes suffix des gen. plur. der indogermanischen ursprache auch noch ein -nām vindicieren zu müssen. Aber wie? wenn das skr. -ānām, abaktr. anām, -ānām, -ānām als genitivendung ebenfalls bereits selbst auf einer entlehnung aus der declination der -an-stämme beruhte? Die beglaubigungen eines suffixes -nām für den gen. plur. als eines bereits der indogermanischen zeit entstammenden sind doch so unsicher, dass wir lieber mit Schleicher compend.³ §. 253. s. 515. d. deutsche spr.² s. 251. dabei bleiben, in dem genitiv auf -ānām bei den -a-stämmen eine neubildung der asiatisch-indogermanischen sprachen zu sehen.

Um über die ganze methode, welche Scherer zu seiner gewagten aufstellung gefürt hat, das princip der formenübertragung oder der erklärung durch falsche analogiebildung hier eine bemerkung einzufügen: so ist das wirken der analogie gewis ein ser mächtiger factor in der bildung und fortbildung der sprachlichen formen. Im princip also bestreiten wir Scherers vilfaches operieren mit annamen von falschen analogiebildungen durchaus nicht. Indes wird doch so vil unbedingt einzuräumen sein, dass, um bei zwei verschidenen formenkategorien ein einwirken der einen auf die andere statuieren zu dürfen, es notwendig ist, dass die beiden kategorien entweder in einer grösseren zalenmerheit von formen übereintreffen und so das nachgezogenwerden der minorität

der formen in die analogie der majorität veranlasst wird,
oder wenigstens dass diejenigen formen der einen kategorie,
welche die brücke zwischen beiden gebieten sind und die
ursache der falschen analogiebildungen werden, durch besonders
häufigen gebrauch zu diser macht, ire schwesterformen
nach sich zu ziehen, gelangen. Scherer selbst drückt dis ser
richtig in den nachträgen zu seinem werke s. 473. also aus:
„Wenn eine form a es über eine form b davonträgt und sie
verdrängt, so haben a und b ein element a gemeinsam, das
sie von ähnlichen und zunächst verwanten formen unterscheidet;
die tatsächliche übermacht von a aber beruht auf
der häufigkeit des gebrauches." Vergl. auch eine änliche
bemerkung Joh. Schmidts in seiner gesch. des indogerm.
vocal. I 3. Damit sind wir also ganz einverstanden. In wie
fern aber kann in unserem falle, d. i. bei der entwickelung
der schwachen adjectivflexion und der im deutschen so überhand
nemenden nominalen n stämme überhaupt — in wie fern
kann hier, selbst wenn wir Scherer alle seine forderungen
betreffs der althochdeutschen genitivendung -ôno und betreffs
des urindogermanischen genitivsuffixes -nâm zugeben wollten,
erstens von einem derartigen überwigen der n-declination
über die -a declination die rede sein, dass jene wegen einer
einzigen mit der -a-declination übereinstimmenden form dise
nach und nach ganz zu überwältigen vermochte? Weist nicht
vilmer im gegenteil alles darauf hin, dass die -a-stämme von
urbeginn unserer sprachen an von allen nominalen stämmen
bei weitem die häufigsten im gebrauche waren? Und ferner
ist doch wol auch keineswegs etwa der genitiv des plurals
gerade ein so überwigend häufig gebrauchter casus, dass er
ganz allein den übertritt der -a-stämme in die flexionsweise
der -an-stämme zu veranlassen mächtig genug gewesen wäre.
Umgekert aber erklärt sich die frühzeitige entlehnung des
einzigen gen. plur. aus der n-declination, die bei den femininen
-$â$-stämmen in den westgermanischen sprachen stattfand,
wenn ich nicht irre, aus einem ser einfachen und in
die augen springenden grunde, nemlich also. Das im westgermanischen
geltende auslautgesetz erforderte abfall eines
ursprünglichen anslautenden s (vgl. Scherer s. 97.). Demnach
musste die endung des nom. plur. fem. urspr. -âs ir s im
westgermanischen durchweg einbüssen: daher nom. plur. ahd.

gebo, gebu, alts. *gebu*, ags. *gifu*, altfris. *jeva* gegenüber den ostgermanischen got. *gibōs*, altn. *giafar* (mit wandelung in *r*). Mit allen disen nominativformen war der acc. plur. ebenfalls schon gleichlautend geworden (Scherer s. 428.). Hätte man nun auch noch den gen. plur. im westgermanischen nach der ursprünglichen weise der *-ā* stämme gebildet, nemlich aus der grdf. *gebām* wie got. *gibō*, altn. *giafa*, so wären vollends drei casus im plural bei disen stämmen formal zusammengefallen. Um das zu verhüten, geschah die herübername des gen. plur. der *n*-declination: ahd. alts. *gebōno*, ags. *gifena*, altfris. *jevena* (neben erhaltenem alterthümlichem *jeva, jerda, u͡dla*; Heyne kurze laut- u. flexionsl. d. altgerman. sprachst. s. 280 f.) wie ahd. *zungōno*, alts. *tungōno*, ags. und altfris. *tungena*. So begreift sich nicht nur erstens die abweichung des ost- und des westgermanischen von einander in disem punkte, sondern zweitens auch, warum gerade nur das femininum die formübertragung vornam. Im masculinum hielt sich, mit ausname des althochdeutschen, westgermanisch im nom. plur. *-ōs*, sei es nun weil = urspr. *-ōsas* (Scherer s. 427.) oder als ausname des auslautsgesetzes (Delbrück zeitschr. f. deutsche philol. II 391., Joh. Schmidt zeitschr. f. vergl. sprachf. XXII 320 f.); demnach alts. *fiscōs, piscās*, ags. *fiscās*, altfris. *fiskar* (neben *fiska*). Hier war also ein lautlicher gleichklang und zusammenfall der drei casus nicht möglich, daher bedurfte es auch der anlenung des gen. plur. an die schwache declination zum zwecke einer formalen differenzierung nicht.

Noch auf einen anderen punkt in Scherers erklärung der schwachen adjectivform müssen wir hier kurz eingehen. Er bestreitet, dass dem auf den nasal auslautenden stamme des adjectivums an und für sich selbst im gegensatze zu dem anderen kürzeren stamme ursprünglich substantivischer charakter eigentümlich gewesen sei; nur misverständlich, so meint er, schreibe man dem bestimmten adjectivum substantivischen charakter zu. „Die beifügung eines pronomens (*ta-*) und das felen eines substantivs, welchem es attribuiert würde, machen ein adjectiv zum substantiv, nicht der themacharakter." Vergl. s. 409. Wie irrtümlich dise behauptung ist, wird an späterer stelle ausfürlicher zu zeigen sein. Scherer hat, wie wir sehen werden, das richtige sachverhältnis durchaus verkannt: die solidarische verbundenheit des artikels mit der bestimmten adjectivform ist nicht die bewirkende ursache, durch welche die substantivische färbung erst in die letztere hineinkommt, sondern umgekert die folge dises der n-form von irem ursprunge her anhaftenden substantivischen charakters. Dafür sprechen ganz entschiden unten zur sprache zu bringende tatsachen des ältesten gebrauches des schwachen adjectivs, namentlich solche aus der gotischen sprache. Auch Jak. Grimm gesch. d. deutsch. spr. s. 960 f. und Steinthal charakteristik d. hauptsächl. typen d. sprachb. s. 309 f, auf welche hier nur vorläufig verwisen sei, können eines besseren beleren.

Übrigens war jene bemerkung Scherers über die substantivierende kraft des artikels gegen Leo Meyers erklärungsversuch der nasalen adjectivflexion gerichtet. Aber anstatt dass uns das von Meyer gefundene dadurch entkräftet zu sein scheinen sollte, müssen wir vilmer urteilen, dass Scherers unhaltbare und geradezu fabelhafte hypothese über den ursprung der in rede stehenden charakteristischen eigenheit der deutschen sprache, der schwachen adjectivstammbildung, Meyers leistungen gegenüber nur als ein rückschritt bezeichnet werden kann. Wo, d. i. in welchen erscheinungen der indogermanischen sprachengeschichte die aufklärung über das uns beschäftigende problem der deutschen formenlere einzig und allein gesucht werden kann, das hat nach unserem dafürhalten Leo Meyer bereits mit durchaus richtigem sprachlichem takte herausgefunden. Freilich muss in Meyers darstellung etwas ligen, das die überzeugungskraft derselben abschwächte; denn sonst liesse sich ja wol erwarten, dass auch Scherer dadurch überzeugt worden sei, zumal letzterer ja einräumt, dass Meyers deutungsversuch vil beachtenswerter sei als alle früheren vermutungen über die schwache adjectivflexion.

Meyer setzt, um es kurz zu sagen, im grunde alle in den verwanten sprachen vorkommenden arten von adjectivischen n-stämmen zu dem deutschen schwachen adjectivstamme in vergleich. Von besonderer wichtigkeit sind im ferner solche beispile, wo ein stamm auf -an- und ein solcher mit suff. -a- mit einander, sei es in der flexion oder in der wortbildung, in gegenseitigen austausch treten. Dann aber, um auch für das bedeutungsverhältnis zwischen der unbestimmten und der bestimmten adjectivform im deutschen analogien zu gewinnen, verweist er auf griechische und lateinische fälle, in welchen substantiva und eigennamen auf -*ōn*-, -*ōn*- neben adjectivischen wörtern auf -*o*- stehen. Auf dise weise wird sowol ein griech. *μέλαν-, τάλαν-* (flex. d. adj. s. 62.) zu einer parallele für den schwachen stamm got. *blindan-*, als auch ferner ein altind. *ŕbhvan-* ‚kün‘ neben gleichbedeutendem *ŕbhva-* (s. 64.) in formaler, gr. *στράβων-* ‚der schiler‘, lat. *silōn-* ‚der plattnasige‘ neben *στραβό-* ‚schilend‘, *silo-* ‚plattnasig‘ (s. 66 f.) in formaler beziehung und zugleich hinsichtlich des bedeutungsverhältnisses analogien zu der gotischen doppelheit *blindan- blinda-* genannt werden. Nun leuchtet aber sofort ein, dass bei disem verfaren augenscheinlich ganz heterogene und vom standpunkte der sprachforschung unter durchaus verschidene gesichtspunkte zu stellende wortbildungen auf gleiche linie gestellt werden. Die in bloss formaler hinsicht von Meyer verglichenen doppelformen sind beide primäre bildungen. Die als analogien für den eigentümlichen gebrauch der deutschen adjectivischen -*an*- und -*a*-stämme herangezogenen griechischen und lateinischen bildungen stehen parweise in dem verhältnis der ableitung zu einander: *στράβ-ων-* ist von *στραβό*, *Cat-ōn-* von *cato-* deutlich mittels des secundärsuffixes urspr. -*an*- abgeleitet, wie namentlich das letztere beispil zeigt, wo das suffix des stammwortes nicht eigentlich -*o*-, sondern das alte participiale -*to*- ist (wurz. *ka-* ‚schärfen‘; Curtius grdz.[4] unt. nro. 84 b., Corssen zeitschr. f. vergl. sprachf. XVIII 243., Fick vergl. wörterb. I[3] 54.). Wir sind also, wenn wir dise erscheinungen der nominalen stammbildung in den schwestersprachen überhaupt verwerten wollen für die erklärung des deutschen adjectivums, vor folgende alternative gestellt. Entweder müssen wir einen teil jener analogien faren lassen — und das können dann offenbar nur diejenigen bildungen sein, wo beide stämme primärer art sind, da der deutsche schwache adjectivstamm doch auch offenbar eine secundärableitung aus dem kürzeren stamme ist — oder aber, wenn wir uns zu einer solchen verzichtleistung aus bestimmten gründen nicht entschliessen mögen, so gilt es die historische entwickelung nachzuweisen oder mit anderen worten den weg anzugeben, auf welchem etwa im verlaufe des sprachlichen lebens ein übergang von der einen bildungsweise in die andere stattfinden konnte.

Dis, was man auch wol eine geschichte des suffixes -an- bis zu seiner einmündung in die eigentümliche deutsche adjectivstammbildung nennen könnte, eben dis nicht zur darstellung gebracht zu haben ist eine lücke in Leo Meyers erklärungsversuche. Und eben dis scheint auch Scherer gefült zu haben, wenn in Meyers versuch nicht endgiltig befridigte. Scherers bemerkung gegen Meyer z. gesch. d. deutschen spr. s. 409.: es helfe wenig für das verständnis unseres schwachen adjectivums, dass an- und a- überhaupt einander vertreten, hatte gewis ire volle berechtigung.

Was sonst noch an der Meyer'schen abhandlung, so weit sich dieselbe auf die schwache adjectivform erstreckt, auszusetzen ist, ist gegenüber dem eben besprochenen punkte von untergeordneter bedeutung, muss hier aber gleichwol zur sprache kommen.

Auf dem wege, den Meyer betrat, liess sich zunächst nur das masculinum der schwachen adjectivform erklären. Für das femininum mit seiner constanten vocallänge: st. *blindōn-* f. gegenüber *blindan-* m., griff er zu dem auskunftsmittel, dass er die altindischen feminina auf *-ānī*, die griechischen auf *-aina* zum vergleiche herbeizog und die ansicht aufstellte und zu begründen suchte, das gotische femininum verdanke seinen langen vocal der für den ausfall des *j* aus der grundform *-anjā* eingetretenen ersatzdenung der vorhergehenden silbe (s. 44 61.). Wer wie ich so weitgehenden annamen von lautlichen verstümmelungen suffixaler silben, wie sie von Meyer und seiner richtung der forschung zugemutet werden, nicht beistimmen kann, der wird sich unmöglich bei diser erklärung beruhigen können. Wenn wirklich die formation nach dem muster jenes alten femininsuffixes *-anjā* geschehen wäre, so hätte das resultat derselben unzweifelhaft anders ausfallen müssen. Denn — und das allein schon scheint mir der Meyer'schen vergleichung mit altind. *-ānī* jeden boden zu entziehen — es ist ja das suffix der feminina *-anjā* auf deutschem sprachgebiete unleugbar vorhanden, aber in ganz anderer gestalt, nemlich als altn. *-ynja*, ahd. *-un -unnea, -in -inna*, mhd. *-inne*; wofür Meyer selbst s. 53. 61. beispile anfürt. Zwar sind allerdings die bildungen mit disem suffix späterhin mit den substantiven der sogenannten schwachen weiblichen form in der declination vilfach zusammengeronnen,

z. b. teilweise im mittelhochdeutschen. Vergl. Grimm deutsche gramm. I 629., Scherer z. gesch. d. deutsch. spr. s. 431. Indes ist das sicherlich etwas durchaus secundäres.*) In älterem sprachzustande findet scharfe trennung statt, und im althochdeutschen z. b. wäre als schwaches femininum zu dem adjectivum *plint* nach der analogie von *esilin* oder *esilinna* ‚eselin' u. ähnl. notwendig eher ein *plintin oder *plintinna, gleichsam nhd. *blindin, als *diu plinta*, gen. *dera plintûn* zu erwarten. Eine änliche widerlegung der hier besprochenen ansichten Leo Meyers geben Joh. Schmidt zeitschr. f. vergl. sprachf. XIX 293 ff. und Delbrück zeitschr. f. deutsche philol. II 402 f.

Nach Leo Meyer und Scherer ist noch von rein germanistischer seite ein versuch gemacht worden, die frage des schwachen deutschen adjectivs in ein neues stadium hinüberzufüren, nemlich in zwei aufsätzen von Lichtenheld, erschinen in der zeitschr. f. deutsch. altert. XVI 325—393 und XVIII 17—43., betitelt: ‚das schwache adjectiv im angelsächsischen' und ‚das schwache adjectiv im gotischen'. Dise abhandlungen, deren berücksichtigung man hier erwarten könnte, haben es indes nicht mit dem formalen ursprunge der schwachen adjectivform zu tun, sondern suchen vilmer aus den angelsächsischen und gotischen sprachdenkmälern den ältesten gebrauch und die ursprünglichste bedeutung derselben zu eruieren. Die beurteilung der Lichtenheld'schen resultate bleibt darum füglicher auch einem späteren teile unserer untersuchung vorbehalten.

Die ausfürliche kritik der lösungsversuche Scherers und Meyers erleichtert es uns, nunmer unsererseits bestimmt zu formulieren, was der eigentliche kern der frage sei, oder, anders ausgedrückt, auf welche momente es bei der herleitung und erklärung des schwachen adjectivstammes im ganzen und im einzelnen wesentlich ankomme.

Von analogien in den übrigen indogermanischen sprachen

---

*) Eine ser ansprechende erklärung der geschichte der formen *-inna* u. s. w. ist neuerdings von Rud. Henning gegeben in dessen schrift ‚über die sanctgallischen sprachdenkmäler', Strassburg u. London 1874. s. 91 ff. Hiernach ist *-in* althochdeutsch durchaus die älteste und reguläre nominativform: *esil-in*. Später erst trat *-inna* aus dem accusativ in den nominativ. und noch später, erst mittelhochdeutsch, stellte sich dann durch vermischung mit der classe *touf-in*, *meneg-in* neben und für das alte *-in* die länge *-în* ein: *wirt-în*, *künig-în*.

ist ganz mit recht hier wie sonst das hauptsächlichste licht zu hoffen. Darin traf, wie wir sahen, Leo Meyer gewis das rechte. Gelingt es, eine erscheinung, welche in einer der indogermanischen sprachen zum gesetz und zur durchstehenden regel geworden ist, in einer oder in mereren anderen schwestersprachen im werden und entstehen zu erkennen: so ist damit und auch nur damit die basis gegeben, auf welcher eine wissenschaftlich richtige erklärung notwendig fussen muss. Der slavolettische sprachzweig hat es, wenngleich mit anderen formalen mitteln, bekanntlich ebenfalls zu der unterscheidung einer zwiefachen adjectivform gebracht. Die anfänge und der keim diser entwickelung reichen aber, wie man erkannt hat, in das altbaktrische und den vedadialekt zurück; und in derjenigen gebrauchsweise des relativpronomens in den arischen sprachen, welche dem slawischen und litauischen bestimmten adjectivum analog ist, wird mit fug und recht der ausgangspunkt für die erklärung jener slavolettischen eigentümlichkeit gefunden. Vergl. Scherer z. gesch. d. deutsch. spr. s. 403., Joh. Schmidt verwantschaftsverh. d. indog. spr. s. 5 f. Für das deutsche kann, wie man zugeben wird, nicht anders verfaren werden.

Nicht notwendig aber ist es andererseits, wenn auch die vergleichung der sprachen die erste und wichtigste handhabe bieten muss, dass mit derselben hilfe nun alles gelöst werden müsse. Nachdem das deutsche gleichsam als sein erbteil aus dem gemeinsamen ursprachlichen muttergute die fähigkeit davon getragen hatte, sich für den doppelten syntaktischen gebrauch des adjectivums auch eine doppelte form zu schaffen, so konnte von diser grundlage aus die übrige entwickelung recht wol eine ganz individuelle und so zu sagen nationaldeutsche sein. Und den eindruck einer solchen durchaus individuellen entwickelung macht doch auch die ausbildung unserer bestimmten adjectivflexion in hohem masse. Es wird darum auch zu unterlassen sein, für alles einzelne, beispilshalber für das femininum der schwachen form, nach stricten analogien in den aussergermanischen sprachen zu forschen: ein gesichtspunkt, dessen vernachlässigung zu misgriffen fürt, wie Leo Meyers beispil genugsam zeigte. Wol aber muss, wenn die weitere entwickelung eine solch individuelle und nationale ist, der versuch gemacht werden, den gang derselben in dem engeren ramen der specifisch deutschen sprachgeschichte nachzuweisen oder wenigstens mit annähernder warscheinlichkeit zu bestimmen. In diser forderung ligt aber eingeschlossen, dass auch die declination der substantivischen *n*-stämme, welche im deutschen ein so weites feld gewonnen, die grosse zal der übertritte von substantiven in die flexion der *n*-stämme und das verhältnis diser sprachlichen umwälzung zu dem schwachen adjectivum aufklärung erhalte. Denn ein zusammenhang beider erscheinungen, durch welche sich die gesamte deutsche nominalflexion so erheblich weit von dem ursprünglichen zustande entfernt hat, ist wol in keiner weise zu verkennen, wenn er auch one zweifel durchaus anders zu denken ist, als wie es Scherers allzu küne vermutungen sich zurecht legten.

I. Parallelismus der nominalen -*a*- und -*an*-stämme im indogermanischen.

Um auf etwas bereits gesagtes zurückzukommen, so waltet zwischen den stämmen des bestimmten und des unbestimmten deutschen adjectivums ganz offen und klar das verhältnis der ableitung des ersteren von dem stamme des letzteren ob: das suffix -*an*-, welches die schwache stammform bildet, kann offenbar nur ein secundäres genannt werden. Vergl. Schleicher compend.³ §. 221. s. 408. Daraus folgt, wie wir gleichfalls schon sahen, dass zunächst nur beispile von wortbildungen wie griech. στραβό- στράβων-, lat. *cato Catōn-, silo- silōn-* als formale parallelen zu einem got. *liuba- liuban-* gelten können, weil nur bei solchen das verhältnis der suffixe dasselbe ist wie in dem genannten deutschen beispile. Andere mit adjectivischen wörtern in verbindung stehende *n*-stämme müsten vor der hand ganz aus dem spile gelassen werden.

Bei anlegung dises massstabes aber verlegt man sich one weiteres den weg, um die spuren der stammbildung mit *n* im deutschen adjectivum bis in ein hohes altertum unseres sprachstammes hinauf zu verfolgen. Denn stämme mit dem suffixe ursprünglich -*an*-, welche deutliche secundärbildungen von vorausgehenden adjectivischen -*a*- (auch -*ja*-, -*i*- und -*u*- stämmen sind, bietet ausser dem deutschen eben nur das griechische und lateinische, wie wir unten noch näher sehen werden, und auch in disen sprachen macht die grosse merzal der dahin gehörigen beispile nicht gerade den eindruck einer besonders hohen altertümlichkeit der bildung.*) Anders geartete *n*-stämme, nemlich solche von

---

*) Die einzige ausname von der oben ausgesprochenen behauptung, die mir bekannt geworden ist, ist ein beispil aus der zendsprache, das aber ebenfalls für unseren zweck lerreich ist und darum hier gleich erwähnt sein soll. Von dem wortstamme *mare-ta-* wird im altbaktrischen abgeleitet *mare-'-an-;* letzteres ist also deutlich mit secundärem suffixe

primärer bildungsart, gibt man darum nicht leicht auf, wenn
es gilt, der deutschen auf den nasal auslautenden stammform
des adjectivs im kreise der verwanten sprachen und in älteren
perioden der sprachlichen formenbildung ire analogien
und den keim irer entstehung nachzuweisen.

Wenn auch nicht in der weise, dass man die längeren
stämme mit dem nasalen ausgange devirata von den kürzeren
auf einfachen vocal auslautenden nebenstämmen zu nennen
berechtigt wäre — wenn auch nicht in disem gegenseitigen
verhältnisse zu einander, finden wir doch jene zwei arten von
nominalen stämmen von je her und so weit es uns in die
geschichte unserer indogermanischen sprachen zurückzugehen
verstattet ist, vilfach neben einander und in mannigfachem
und regem anstausche mit einander. Die doppelheit selbst
ist also etwas durchaus ursprüngliches, wenn sie gleich eine
doppelheit von noch wesentlich anderer art ist, als wie sie
später in dem deutschen adjectivum sich ausgebildet hat.

Der eben ausgesprochene satz muss allerdings — das ist
meine überzeugung — an der spitze stehen für die erforschung
der genesis des deutschen schwachen adjectivums. Seine
warheit aber in reichlich umfassendem masse erwisen, die
sprachgeschichtlichen tatsachen, durch welche dieselbe gestützt
wird, für die forschung hinreichend klar gestellt zu haben,
ist das unlengbare verdienst Benfeys und Leo Meyers. Vergl.
Benfey or. u. occid. I 263 ff., Leo Meyer flex. d. adj. s. 61 ff.
Freilich kann andererseits auch nicht verkannt werden, dass
eben jene gelerten selbst gröstenteils ganz durch eigene schuld
disem irem resultate den weg zur anerkennung in den augen
besonnenerer forscher verlegt haben. Indem sie überall die
auf den nasal auslautenden stammformen für die älteren ansahen,
aus denen die kürzeren one den nasal durch abstumpfung
der suffixsilbe hervorgegangen seien, und indem sie,

-an- gebildet und zwar ganz so wie lat. *Ca-t-ōn-*. Justi gibt für das
grundwort *marc-ta-* die bedeutungen an: „adj., subst. m. ein sterblicher,
mensch"; bei *marc-t-an-* sagt er bloss: „m. mensch". Da *marc-ta-* demnach
adj. und subst. wäre, *marc-t-an-* nur subst., so könnte man wol
mit einigem grunde schon in disem vereinzelten altbaktrischen falle einen
ansatz zu der im griechischen und lateinischen häufiger auftretenden, im
deutschen aber zur regel durchgedrungenen erscheinung sehen. Immerhin
ist das beispil der ableitung von *marc-t-an-* aus *marc-ta-* für unsere
zwecke höchst beachtenswert.

damit noch nicht zufriden, für beide arten von stämmen dann wider auf das participiale -ant- als letzte entstehungsquelle zurückgriffen: vermischten und verquickten sie das richtige, was irer darstellung zu grunde lag, der art mit allerlei unerwisenen und in der tat unerweisbaren hypothesen gewaltsamer verstümmelungen der stammbildenden suffixe, dass die besonnenere forschung mit mistrauen von jener richtung sich abwante und in einem beginnen, wie dasjenige Benfeys und Meyers war, nur eine unheilvolle verirrung der sprachwissenschaft zu sehen vermochte. Mit dem falschen und unhaltbaren ward dann auch das, was auf richtigkeit und haltbarkeit anspruch machen konnte, kurzer hand verworfen. Das war die natürliche folge: von der spreu den weizen zu sondern unterliess man. Was ich aber für den weizen unter der spreu halte und was mir wirklich durch die untersuchungen Benfeys und Leo Meyers für bewisen gilt, das ist eben der obige satz: dass in der tat seit uralten zeiten ein parallelismus einfacherer stämme auf einen vocal und längerer stammformen auf vocal + n bestanden habe und zwar ein parallelismus von der art, dass unter gewissen umständen der eine stamm den andern ablösen konnte. Ich darf es nicht unterlassen, die für die warheit dises satzes zeugenden sprachlichen tatsachen hier in meine darstellung hinein zu verweben, um so weniger, als ich nicht in allen einzelheiten den von Benfey und Meyer beigebrachten argumenten beizupflichten vermag und hie und da manches anders auffasse. Zugleich beabsichtige ich auch, mer und schärfer, als es bei Benfey und Meyer geschehen ist, diejenigen punkte hervorzuheben, an denen sich bei dem nebeneinander der formen die ansätze zu einer differenzierung des gebrauches in den sprachen zeigen. Solche differenzierungsversuche werden uns ja besonders auf die letzte und durchgreifendste differenzierung, die in der deutschen doppelten adjectivflexion vollzogene, vorzubereiten geeignet sein.

Die altindische sprache hat one erkennbaren unterschied der bedeutungen öfter zwei nominale stämme neben einander, unter denen der längere von dem kürzeren durch das plus eines auslautenden nasals n verschieden ist. Wo der kürzere stamm mit dem einfachsten aller suffixe, mit -a-, gebildet ist, da ist freilich jene doppelheit an einem grösseren material

von beiderseitig selbständigen wortstämmen nicht gerade ser
häufig nachzuweisen. Einige beispile gibt Leo Meyer flex.
d. adj. s. 64. vergl. gramm. II 150., deren zal sich jedoch
unzweifelhaft noch vermeren lässt. Indes ist es bemerkenswert, dass im sanskrit die regel herrschend geworden ist, ein
nomen mit dem suffixe -*an*- wie einen kürzeren stamm mit
dem suffixe -*a*- zu flectieren, sobald es seine eigenschaft als
selbständiges wort aufgibt und das erste oder zweite glid
eines compositums wird. Fragen wir uns, wie man sich den
vorgang diser erscheinung im altindischen zu denken habe,
so kann die antwort meines erachtens kaum anders ausfallen,
als dass von alters her wirklich zahlreiche -*a*- und -*an*-stämme
neben einander standen one wesentliche bedeutungsverschidenheit und dass die sprache bei zusam setzungen sich in
geschickter weise dises günstigen umstandes diente, um für
langatmige und schwerfällige wortbildungen, wie es composita sind, die kürzere und bequemere stammform in anwendung zu bringen. Als selbständige nomina mögen dann
solche -*a* stämme vilfach eben wegen irer überflüssigkeit
neben den gleichbedeutenden -*an*-stämmen aufgehört haben,
in der sprache weiter zu existieren. Dabei ist es nun offenbar keineswegs nötig, dass für **jeden** in einer nominalcomposition durch einen -*a*-stamm vertretenen -*an*-stamm auch **von
anfang an** ein solcher selbständiger nebenstamm mit suff.
-*a*- vorhanden gewesen sei. Wenn z. b. *rájan* „könig‘ und
mahā-rājā- „grosser könig‘, sowie *rāja-putrá-* „königssohn‘, *áhan-*
„tag‘ und *bhadráhá-* (*bhadra* + *aha-*) „glücklicher tag‘ neben
einander stehen, so würde es gewis ein falscher schluss sein
zu folgern, es hätten die stämme *rāja* und *aha-* von je her
auch in dem zustande als selbständige nomina neben den entsprechenden -*an*-stämmen existiert. Für dise speciellen fälle
kann das gewis nicht gefolgert werden. Im gegenteil mag
es mitunter wol gar warscheinlich sein, dass ein in einem
compositum für einen -*an*-stamm fungierender -*a*-stamm später
hin auch selbständig, d. i. auch ausserhalb der zusammensetzung, in gebrauch kam: *takša-*, *ṛša-* mögen im sanskrit
villeicht erst dann für *takšan-*, *ṛšan-* eingetreten sein, nachdem die sprache aus compositis wie *grāma-takšá-* *tapas-takšá-*,
ag̱ra-ṛšá- *gō-ṛšá-* den gebrauch des -*a*-stammes erlernt hatte.
Aber solche möglichkeiten immerhin zugelassen, so ergibt sich

doch als **allgemeines** resultat, dass in einer früheren periode der sprache zalreiche -*an*- und *a* stämme neben einander vorhanden sein musten; denn sonst hätte sich ja jenes gesetz der analogie, dass für einen -*an*-stamm in der composition ein -*a*-stamm eintreten müsse oder, wie es nun heisst, dass -*an*-stämme in der composition iren nasal abwerfen, schwerlich bilden können. Die analogie braucht eben vile muster, um sich zu einem regelmässigen gesetze zu entwickeln.

Schon auf disem ersten schritte machen wir also die warnemung einer erscheinung, die uns alsbald noch öfter entgegentreten wird: die sprache wird sich ires reichtums an formen bewust, schafft eine beziehung zwischen formationen, die früher villeicht nur unvermittelt neben einander standen, und gelangt so durch ausbildung einer festen regel zu der fähigkeit, sich neue banen ires formenerschaffenden tribes zu eröffnen.

Auch noch durch andere grammatische erscheinungen des sanskrit, denen sich teilweise das altbaktrische anschliesst, wird uns die frühere doppelheit von -*an*- und -*a*-stämmen und ir ehemals lebhafter austausch bezeugt oder wenigstens ser warscheinlich gemacht, nemlich vor allem durch merere besonderheiten in der declination der -*a*-stämme. Der gen. plur. und der nom. acc. plur. neutr. (*dēv-ān-ām*, *jug-ān-i*) zeigen die casussuffixe an stämme mit *n* angetreten. Es sind dis altindische neubildungen, die ältere, vedische sprache hat dafür noch formen von reinen -*a*-stämmen, die dann auch mit den entsprechenden der verwanten sprachen genauer übereinkommen, wie gen. plur. *dēvā́m* aus **dēva ām*, nom. acc. plur. neutr. *jugā́* aus **juga-ā*. Vergl. Schleicher zeitschr. f. vergl. sprachf. IV 58., compend.³ §. 253. s. 545. §. 250. s. 528. Ganz ebenso lauten nun aber oder sind doch sicherlich nur scheinbar versciden die entsprechenden casusformen von -*an*-stämmen; und wir können nicht leugnen, dass hier der nasal mer am platze oder, um den beliebten aber vildeutigen ausdruck zu gebrauchen, organischer sei als dort. Das neutr. plur. *áhān-i* ,tage' von *áhan*- ist im ausgange völlig gleich mit *jugā́-n i* von *jugā́-*, und wir werden um so weniger anstand nemen zu sagen, dises *jugā́-n i* setze ein idelles nebenthema *jugan- voraus, als umgekert im veda neben *áhān-i* auch ein *áhā* wie von einem neutralen -*a*-stamme gebildet vorkommt; vergl. das Petb. wörterb. Zwischen dem gen. plur. *tákṣṇ-am* von *tákṣan*-

und *dēvā́n-ām* von *dēvá-* besteht allerdings nicht ein solcher gleichklang der endungen. Indes lässt es sich warscheinlich machen, dass das lediglich die folge secundärer lautprocesse ist. Für *tákṣṇ-ām* ist auf **takṣaṇ-ām* zurückzugehen, wie gr. τεκτόν-ων beweist; *dēvā́n-ām* ist auch nicht das ursprüngliche, sondern **dēvan-ām* wird als solches durch abaktr. *daēvan-ām* bewärt, wie denn überhaupt das altiranische noch durch seinen doppelten ausgang *-anām* und *-ānām* (altpers. *-ānām*) im gen. plur. der *-a*-stämme (abaktr. *açpan-ām*, aber auch *mašjānām*, altpers. *bagān-ām*) die ältere neben der jüngeren lautform bewart zeigt und zwar so, dass die form mit der erhaltenen alten kürze *-anām* die weitaus gebräuchlichere ist. Vergl. Justi handb. d. Zendspr. s. 387 f., Spiegel gramm. d. altbaktr. spr. s. 125., Schleicher compend.[3] §. 253. s. 545 f. Ja sogar bei den femininen *-ā*-stämmen ist im altbaktrischen noch *-anām*, nicht *-ānām*, üblich: *ghenan-ām* von *ghena*; und die einmal überlieferte schreibung *ghenān-ūm* (Spiegel a. a. o. s. 129.) beweist wol, dass betreffs der langen stammhaften vocale von skr. *áçvān-ām*, *jugā́n-ām* Joh. Schmidts erklärung z. gesch. d. indog. voc. I 39 ff. die richtige ist. Viles also weist darauf hin, dass einst auch im sanskrit *-anām* der ursprüngliche ausgang des gen. plur. bei allen *-a*-stämmen, selbst auch bei den femininen, war. War dem aber also, dann wird die erklärung jenes eingeschobenen *n* durch annahme eines metaplasmus in die declination der *-an*-stämme immerhin eine der warscheinlichsten sein. Und das aufkommen eines solchen metaplasmus ist widerum nur dann recht denkbar und erklärlich, wenn es wirklich ehedem zalreiche beispile solcher neben einander herlaufenden, in irer bedeutung gleichwertigen *-a-* und *-an*-stämme gab, welche in so regem austausche mit einander standen, dass in besonderen fällen der eine der beiden stämme dem anderen seine formen gleichsam leihweise überlassen konnte. Den dem sanskritischen *-a* stamme *ákṣa-* ‚achse' parallelen *-an*-stamm hat z. b. das griechische in seinem ἄξον- selbständig erhalten, und im gen. plur. begegnen sich noch die formen beider sprachen, wenn man nur das skr. *ákṣāṇ-ām* auf seine durch das altbaktrische geforderte grundform **akṣaṇ-ām* = ἀξόν-ων zurückfürt. — Schleichers ansicht zeitsch. f. vergl. sprachf. IV 54 ff., wonach solche einschübe vor casusendungen als zwischen nominalstamm und

casussuffix tretende pronominale zwischensätze anzusehen
seien, ist zwar in diser fassung vom heutigen standpunkte
der forschung wol kaum mer haltbar. Indes kann man sich
die bemerkung Schleichers (ebend. s. 57.), dass hier ein punkt
sei, bei welchem die grenze zwischen ableitung (besser ‚wortbildung', wie Curtius zeitschr. IV 212 richtig bemerkt) und
casusbildung verschwimme, vorausgesetzt dass man sie richtig
verstehe, auch heute noch gefallen lassen. Das eingeschobene
n war den arischen sprachen bequem, weil mit seiner hilfe
die vocalisch anlautenden casussuffixe deutlich und rein
hervortreten konnten, die sonst bei der anfügung an den
vocalisch auslautenden stamm mit disem sich verwischen
und unkenntlich werden musten. Offenbar war das auch
der grund, warum eine solche einschiebung bei allen vocalischen
stämmen zu folge der einmal aufgekommenen analogie ge-
bräuchlich wurde. In bezug darauf, dass nun nicht vor
allen vocalisch anlautenden casussuffixen ebendasselbe n
eindrang, also inconsequenz ersteht, darf, wie bekannt, der
grammatiker mit der sprache nicht rechten wollen.

In disem zusammenhange kommt denn zwar allerdings
der nasal des pluralischen genitivausganges skr. -*ānām* ebenfalls zur verwertung für die erklärung des schwachen adjec
tivums im deutschen, allein in einem, wie man siht, doch ganz
anderen lichte, als es Scherer wollte. Wärend Scherer auf disem
einen -*ānām* das ganze system seiner künstlichen erklärung auf-
baute, sehen wir darin nur eins von vilen symptomen, welche
auf die später entstehende germanische formendoppelheit hin-
deuten und zur erklärung derselben benutzt werden können.

Bleiben wir hier einen augenblick stehen und vergegen-
wärtigen wir uns noch nochmals ausdrücklich, was die sprache
bereits durch dise beiden bisher betrachteten weisen, ire -*a*-
und -*an*-stämme gegen einander auszutauschen, gewonnen hat;
denn auf die gebrauchsdifferenzierungen kommt es uns vor-
nemlich an. Dort, bei der ersetzung eines -*an*-stammes durch
einen -*a* stamm in der sanskritischen nominalcomposition, hat
sie den vorteil davon getragen, kürzere und darum bequemere
formen in fällen anwenden zu können, wo die längeren schwer-
fälliger und weniger handlich gewesen wären. Hier, bei der
entlehnung gewisser casusformen der -*a*-declination aus der
-*an*-declination, besteht die errungenschaft in dem vorzuge

der grösseren formendurchsichtigkeit und der deutlichkeit, mit der sich nunmer die casussuffixe von dem stammhaften teile des nomens reinlicher abzusondern vermögen. Im ersteren falle hat der kürzere -a-stamm dem längeren -an- stamme ausgeholfen, im letzteren hat umgekert das thema auf -an- demjenigen auf -a- hilfreiche hand bieten können. Disen selben dienst aber leistet das -an-thema dem -a-thema auch noch unter anderen verhältnissen.

Eine gewis schon der indogermanischen grundsprache eigen gewesene bildungsweise des femininums zu einem entsprechenden masculinum auf -a- war die schon oben berürte formation durch das suffix urspr. -anjā. Reichliche belege für dise durch die übereinstimmung fast sämtlicher sprachen als uralt bezeugte femininbildung geben unter vilen anderen Bopp vergl. gramm.[3] §§ 837. 838, Benfey vollständ. skrtgr. §§. 695. 701. 705. or. u. occ. I 265 f., so dass wir uns der nennung von beispilen hier enthalten können. Die vertretung diser formation in der deutschen sprache kam zumal bereits oben s. 9 f. zur sprache. Das den femininen charakter tragende element jenes -anjā ist aber, wie man weiss, nur der letztere bestandteil desselben, das suffix -jā. Folglich benutzte hier das femininum nicht den eigentlichen stamm des masculinums auf -a-, um sein suffix daran antreten zu lassen, sondern vilmer einen stamm auf -an-, den wir eben nur als die unter verschidenen verhältnissen für den -a-stamm stellvertretend sich einstellende themaform ansehen dürfen. So lautet nun das femininum von wirklichen selbständigen auf -an- ausgehenden stämmen und dasjenige von -a-stämmen völlig gleich aus und einer *brahmāṇī* von *brahman-* steht eine *indrāṇī* von *indra-*, *sūrjāṇī* von *sūrja-*, *mātulānī* von *mātulá-*, im griechischen einer τέκταινα von τέκτον- eine θέαινα ν η θεό- oder λύκαινα von λύκο- mit völlig gleichem suffixalen ausgange gegenüber. Vergl. Benfey or u. occid. I. 277., Leo Meyer flex. d. adj. s. 47 f. Widerum nur das ehemalige reichere vorhandensein doppelter stämme auf -a und auf -an- von sonst gleichem functionellen werte erklärt dise art der femininbildung zur genüge. Für vile masculine stammformen auf -a- musten gleichbedeutende seitenstämme auf -an- in reicherem masse zur verfügung stehen, damit sich daraus auf dem wege der analogie die regel: masc. -a-, fem. -anjā ent-

wickeln konnte. Das ν von λύκαινα steht also nach diser
erklärung mit dem n des skr. gen. plur. vṛkāṇām, abaktr.
vehrkanām durchaus auf gleicher stufe.

Ferner sollen nach Benfey or. u. occid. I 273. 277. und
Leo Meyer flex. d. adj. s. 65 f. vergl. gramm. II 72. auch die
zalreichen griechischen verba auf -αίνω, welche neben adjectiven auf -ο- stehen, wie λευκαίνω neben λευκο-, λευκαίνω neben
λευκό-, αὐαίνω neben αὐο-, κοιλαίνω neben κοιλο- u. s. w., für
eine frühere existenz von zalreichen doppelformen auf -αν-
und -α- sprechen. Obgleich auch mir in anbetracht der son-
stigen umstände dise erklärung jener verba auf -αίνω immerhin die probabelste zu sein scheint, so glaube ich dennoch
nicht, dass disem argument zu unserem zwecke irgend welche
beweiskraft beizumessen ist. Nicht nur dass jene denomina-
tive verbalbildung auch von nominalstämmen auf -ανο- iren
ausgangspunkt nemen konnte (Curtius verb. d. griech. spr.
I 364., Gust. Meyer d. mit nasal. gebild. präsensst. d. griech.
s. 95 f.*); was mer ist: nach vorbildern für die verba auf

---

*) In seiner neuesten schrift „zur geschichte der indogermanischen
stammbildung und declination" Leipz 1875. vertritt Gust. Meyer dieselben
von im früher geäusserten ansichten über die griechischen verba auf
-αίνω; vergl. s. 82. Indessen würde ich mich anscheinend, wenn ich
dazu neige, dieselben verba von stammformen auf -αν- abzuleiten, jetzt
eher mit im einigen können; denn zwischen bildungen auf -αν- und
solchen auf -ανα- unterscheidet derselbe forscher neuerdings principiell
gar nicht mer: das suffix -αν- gilt im durchweg als eine abstumpfung
aus urspr. -ανα- und er findet noch in den in historischer zeit von stämmen auf -αν- gebildeten casusformen die spuren der nach im ursprüng-
licheren formationen auf -ανα-. Auch die germanische n-declination
wird unter disen gesichtspunkt gebracht; ebend. s. 85 f. Meiner ansicht nach
hat der verfasser mit disem wie mit ser vilem anderen in der genannten
abhandlung nur griffe ins blaue hinein getan. Dass das suffix -αν- aus
zwei pronominalstämmen a- und na- zusammengewachsen sei, ist ab-
solut nicht bewisen und wird kaum jemals zu beweisen sein. Aber selbst
wenn es auch wirklich in urindogermanischer aschgrauer vorzeit so ent-
standen sein sollte, so tritt es doch in die geschichte unserer sprachen
so durchaus als einheitliches stammbildendes element ein, dass es unter
keinen umständen gestattet ist, in der flexion der reinen -αν-bildungen,
wie sie uns jetzt vorligen, noch nachwirkungen der angeblich ursprüng-
licheren form -ana- zu suchen. Ich muss darum jede verständigung mit
den ansichten Meyers auf disem boden entschiden ablenen, da ich mich
mit den resultaten seiner atomistischen forschungsmethode und mit diser
methode selbst um keinen preis befreunden kann.

-αίνω braucht eigentlich gar nicht gesucht zu werden. Denn wenn sie selbst neben stämmen auf -ισ- (κερδαίνω, κεδαίνω u. s. w.) und neben solchen auf -υ- (γλυκαίνω, λιγαίνω) vorkommen, so werden wir nicht zweifeln können, dass hier das nicht zu verkennende fortwuchern der falschen analogiebildungen, one deren anname in beschränkterem masse auch Curtius nicht glaubt auskommen zu können, vor jeder benutzung dises umstandes zu einem rückschlusse auf früher vorhanden gewesene grundformen dringend warnt. Der muster, welcher die analogie bedarf, um ire neuschöpfungen daran anzulenen, war in disem falle eine so hinreichende anzal vorhanden, dass man nicht berechtigt ist zu behaupten, es ergäben sich stämme auf -αν- als nebenstämme solcher auf -o- aus jenen verbis auf -αίνω. Möglich freilich bleibt, dass die hernach zu besprechende parallele erscheinung bei den verbis auf -ένω, bei denen die sache etwas anders ligt, gerade für die von Benfey und Leo Meyer behaupteten grundformen auf -αν- mer als für solche auf -ανο- spreche. Ja mir gilt das sogar einigermassen für warscheinlich, aber beweisen lässt sich mit den verbis auf -αίνω aus den angegebenen gründen für unseren zweck nicht wol etwas.

Nahe ligt es uns nun zu prüfen, ob ein äuliches verhältnis, wie es bei den suffixen -an- und -a- warzunehmen ist, auch bei solchen suffixformen obwalte, welche vor disem -an- und -a- noch einen anderen suffixalen consonantischen bestandteil zeigen. Die frage: wechseln die suffixe -man- und -ma-, -van- und -va- (oder -u-, das von -va- ursprünglich kaum verschiden ist) ebenso unter einander ab wie -an- und -a-? kann aber nur bejahend beantwortet werden. Nur einige beispile sind nötig, um disen parallelismus und sein dem parallelismus der -an- und -a- stämme völlig analoges auftreten anschaulich zu machen.

Um von -van- und -va- (-u-) zunächst zu reden, so lassen sich wirkliche doppelformen, die in selbstständigem gebrauche vorkommen, in reichlicherer zal aus dem sanskrit namhaft machen. Solche sind u. a. folgende: *an-ar-ván-* und *an-ar-vá-* ,unangefochten, unaufhaltsam, schrankenlos', *ŕk-van-* und *ŕk-vá-* ,preisend', *ŕbh-van-* und *ŕbh-va-* ,zufarend, kün, entschlossen', *ták-van-* und *tak-vá-* oder auch *ták-u-* ,dahinschiessend, eilend, rasch', *druh-van-* und *druh-ú-* ,beleidigend, beschädigend', *dhan-van-* und *dhán-va-* n. *dhan-ú-* m. ‚bogen', *dhán-van-* m. n. und *dhán-u-* f. ‚trocknes land, wüste, sandbank', *púd-van-* und *púd-va-* m. ‚weg', *pí-van-* und *pí-va-* ‚strotzend, fett', *rán-van-* und *ran-vá-* ‚behaglich, erfreulich, lieblich', *rák-van-* und *rák-va-* ‚sich drehend, rollend, volubilis', *sŕk-van-* m. n. und *sŕk-va-* n. oder *srák-va-* m. ‚mundwinkel'. Sih Schleicher compend.³ §. 218. s. 485., Leo Meyer vergl. gramm. II 241. Heben wir die grenze zwischen den einzelnen sprachgebieten einen augenblick auf, d. h. lassen wir der form auf -*va*- eine andere auf -*van*-, die nicht derselben sprache angehört, zur seite treten, so lassen sich die obigen beispile leicht noch vermeren. Man denke nur an griech. *ai-Fōv-* und die im bedeutungsgleichen lat. *ae-vu-m* und got. *ai-va-* m., skr. *ḗ-va-* m. ‚gang, wandel' (A. Kuhn in seiner zeitschr. II 232ff.); ferner an *πέπον-* aus *πεκ-Fον-* neben altind. *pak-vá-* ‚gekocht, gar, reif'. Die altindische doppelheit *pí-van-* und *pí-va-* widerholt sich ganz genau auf griechischem boden in *πί-Fον-* und dem in dem superlativ *πιό-τατο-ς* enthaltenen stamme *πῖ-Fο-*. Zu skr. *ár-van-* ‚renner' stellen sich als die entsprechenden -*va*-stämme abaktr. *aur-va-* ‚behende, schnell, reisig', altn. *ǫrr*, ags. *earu*, alts. *aru* ‚hurtig, rasch, fertig, bereit'; vergl. Bugge zeitschr. f. vergl. sprachf. XIX 403. Es sind das alles bemerkenswerter weise unzweifelhaft uralte wortbildungen, und sie lassen uns, wie auch öfter hervorgehoben ist, den reichtum und die fülle auch, welche der indogermanischen sprache an solchen doppelbildungen zu gebote gestanden haben muss.

Auch sonst machen wir namentlich bei nominalen stämmen auf -*u*-, was die vermerung des stammes um den nasal anbetrifft, ganz änliche warnemungen, wie bei den auf suffixales -*a*- auslautenden nominalthemen. Die declination der neutralen -*u*- stämme geschiht bekanntlich im sanskrit in allen casus mit vocalisch anlautendem suffixe von einem stamme auf -*un*- und im instr. sing. und gen. plur. zeigt sich der nasal nicht bloss beim neutrum; vergl. instr. sing. masc. *bhānú-n-ā*, gen. plur. masc. *sūnú-n-ām*, fem *dhēnú-n-ām*. Änlich, wenn auch im einzelnen abweichend, ist es im altbaktrischen, worauf wir hier nicht näher einzugehen brauchen.

Hauptsächlich aber kommen als zeugen für einen uralten reichen bestand an doppelformen mit den suffixen -*u*- und -*un*- die griechischen verba auf -*ένω* in betracht. Mit disen

verhält es sich, wie schon angedeutet, was ire beweiskraft
anlangt, erheblich anders als mit den verbis auf -αίνω neben
-o- stämmen. Wenn nemlich in dem bereiche diser verbal-
formen falsche analogiebildungen statt gefunden haben, wie
wir das bei solchen wie κακύνω, μεγαλύνω und vilen anderen
wol nicht bezweifeln können, so geschah doch die nachfor-
mung diser falschen bildungen nur nach dem muster solcher
verba auf -ύνω, welche von adjectivstämmen auf -υ- abgeleitet
waren. In der tat sprechen also dise verba auf -ύνω für
einen längeren und den nasal enthaltenden seitenstamm der
adjectiva auf -υ-. Es fragt sich nur, ob dise mit fug und
recht vorauszusetzenden seitenstämme mit dem suffixe -ευ-
oder mit -ενο- anzusetzen sind. Letztere Ansicht vertreten
Curtius verb. d. griech. spr. I 365. und Gust. Meyer d. m.
nasal. gebild. präsensst. d. griech. s. 96 f. Aber es scheint
mir, als ob uns die vorligenden tatsachen der sprache zu
wenig berechtigung gäben, solcher adjectivstämme mit suff.
-ενο- für eine frühere zeit der griechischen sprache eine erheblich vil grössere anzal anzunemen, was doch nötig wäre, um
daraus die zalreichen verba auf -ύνω erklären zu können.
Das adjectivum θάρσυνο-ς neben θρασύ-ς ist im Grunde das
einzige beispil, welches Curtius und Gust. Meyer für ire
auffassung anfüren können, und selbst dises scheint mir eine
andere erklärung seiner bildung zu fordern, als die es bei
jenen beiden forschern erhält, welche es aus θρασύ- mittels
suff. -νο- gebildet sein lassen. Wir kommen darum sogleich
auf dasselbe zurück.

Wenn wir sehen, wie im sanskrit das dem griechischen
adjectivum ταχ-ύ-ς genau entsprechende ták-u-s (Grassmann
zeitschr. f. vergl. sprachf. XII 104., Curtius gründz.¹ unt. nro.
178. und s. 498., Fick wörterb. I³ 86.) eine form ták-van-
mit ganz gleicher bedeutung zur seite hat, werden wir kaum
anstand nemen, den in ταχ-ύν-ω auftretenden nasal mit dem
nasal jener längeren form ták-van- in zusammenhang zu bringen.
Und die in mereren obliquen casus des kürzeren ták-u- er-
scheinende stammform ták-un- ist von jenem ták-van- gewis
nur graduell verschiden. Dise nur graduelle verschidenheit
manifestiert sich am augenfälligsten in der declination der
-van- stämme im altbaktrischen, wo z. b. vom thema urvan-
m. ‚sele' die casusformen sing. instr. urun-a, dat. urun-ē, gen.

arnn-ō, plur. acc. *arnn-ō* gebildet werden. Vergl. Spiegel gramm. s. 154. Um so leichter und unmittelbarer erscheint es darum, wie man siht, plausibel, wenn Fick wörterb. I³ 276. das griech. ὀροθ-ύν-ω direct als verbum denominativum des altbaktrischen nominalstammes *eredh-wan-* m. „erheber, förderer" aufzufassen lert.

Formen auf *-un-* oder *-wan-* sind es also, die wir für die unmittelbare quelle der verba auf *-ύνω* halten müssen. Von solchen formen aber sind uns glücklicher weise zwei schätzenswerte überreste im griechischen selbst erhalten, nemlich in ἰθύν-ατα bei Homer Σ 508 und in θαμύν-τερα· πυκνότερα· bei Hesych. Mit vollem rechte hat denn auch wol jeder forscher auf griechischem sprachgebiete (vergl. ausser Curtius und Gust. Meyer aa. aa. oo. Leo Meyer vergl. gramm. II 75., Misteli zeitschr. f. vergl. sprachf. XIX 119.) in disen stammformen ἰθυν-, θαμυν- einen ser belerenden fingerzeig zur richtigen beurteilung der neben adjectivstämmen auf *-v-* stehenden abgeleiteten verba auf *-ύνω* gesehen. Da nun aber ἰθύ-ς und εὐθύ-ς etymologisch dem sanskritischen adj. *sādhú-s* völlig gleich sind (Roth zeitsch. f. vergl. sprachf. XIX 216 f., Joh. Schmidt z. gesch. d. indog. vocal. I 35 f.), so werden wir nicht irren, wenn wir auch das *v* von ἰθύν-ατα, ἰθύν-ω und εὐθύν-ω mit demjenigen *n*, welches *sādhú-* bei antritt gewisser vocalisch anlautender casussuffixe hinzunimmt — vergl. z. b. instr. sing. *sādh-ún-ā* ṛgv. X 14, 10 — , unmittelbar auf eine linie stellen. Unter disen umständen aber ist kaum eine berechtigung vorhanden, jene stämme ἰθυν-, θαμυν- für verkürzungen längerer stammformen *ἰθυνο-, *θαμυνο- zu halten, wie dis Gust. Meyer a. a. o. tut. Umgekert dunkt es mich ser vil warscheinlicher zu sein, dass das genannte θάρσυνο- seine entstehung der weiterbildung eines *θαρσυν- mittels suff. *-o-* oder, was dasselbe sagt, dem übertritte eines solchen *θαρσυν* in die geläufigere *o-* declination verdanke, und folgendes möchte ich zu gunsten diser analyse des wortstammes θάρσυνο- hier anfüren. Griech. θρασύ-ς ist wol, wie es Joh. Schmidt z. gesch. d. indog. vocal. I 31. warscheinlich macht, der ganz genaue, nicht nur annähernd entsprechende reflex des skr. adj. *dhṛṣ-ṇú-s* und der nasal der grundform *dhras-nu-s*, nachdem er, wie so oft, aus dem suffixe in die wurzel getreten: *dhransu-s*, in diser erstorben, wie ganz ebenso auch in lit. *drąsù-s* = žemait. *dransu-s* „kün". Bei diser auffassung entspricht dann ϑάρσ-υν-ο-, von dem letzten -ο- suffixe abgesehen, durchaus dem in bestimmten casus für dhṛṣ-ṇú- im sanskrit eintretenden stamme dhṛṣ-ṇván-. Ein änlicher vorgang, wie der hier für ϑάρσ-υν-ο aus *-ϑάρσ-υν- angenommene, würde uns vorligen in der entstehung von κίνδ-υν-ο- aus κίνδ-υν-, wenn Ficks vergleichung dises κίνδ-υν mit skr. khid-ran- ‚drängend‘ wörterb. I³ 237. richtig ist.

Ser belerend für den zweck, den wir hier verfolgen, ist endlich auch das verhältnis der suffixformen -man- und -ma- zu einander. Es ist hinlänglich bekannt, und bedarf kaum der erhärtung durch beispile, wie überaus häufig sich von disen zwei formen die eine als begleiterin und stellvertreterin der anderen zeigt. Vergl. Leo Meyer vergl. gramm. II 295 ff., Bugge zeitschr. f. vergl. sprachf. XIX 409. Das griechische, wo neutrales -man- durch -ματ- vertreten wird, bietet der doppelten themenbildungen mit masculinem -μο- neben neutralem -ματ- eine reiche fülle, aber auch beispile wie ἐϑελημό-ς und ἐϑελή-μων ‚willig, freiwillig‘, κευϑ-μό-ς und κευϑ-μών ‚loch, schlupfwinkel‘ u. a. Fick sagt über dise erscheinung zeitschr. f. vergl. sprachf. XIX 165 f.: „Es lässt sich mit höchster warscheinlichkeit erweisen, dass schon die indogermanische ursprache die wörter auf -man- in der wortbildung wie themen auf -ma- behandelte, wenigstens stimmen merere der best conservierten sprachen in diser eigentümlichkeit überein. So bildet das sanskrit z. b. kárm-ika- von kárman-, açm-ija- von áçman-, arjam-jà- von arjamán- (beispile liessen sich leicht zu hunderten häufen), das griechische bildet χειμ-ίη von χειμαν-, ἀδημο-σύνη von ἀδήμον- u. s. w. und entwickelt sogar eine menge nebenthemen auf -μο- neben -μαν-". Und in einer auf reichliches material sich stützenden darstellung hat Gust. Meyer in Curtius' stud. z. griech. u. lat. gramm. V 63 ff. dise abundanz der griechischen sprache für die lere von der nominalzusammensetzung ausgibig und fruchtbar gemacht. Vergl. auch Leo Meyer flex. d. adj. s. 64. Die ganz analoge erscheinung, dass -μο- im griechischen am ende der composita gewönlich für -μαν- (-ματ-) eintritt, gibt uns aber nachträglich nochmals eine bestätigung, dass wir auch den gebrauch des -a- stammes für den -an- stamm am anfang und am ende der composition im sanskrit durchaus richtig als eine frucht auffassten, welche der sprache aus einer uralten abundantia an solchen doppelthemen erwuchs. Treffend und ganz in übereinstimmung mit dem von uns oben (s. 16.) gesagten bemerkt auch Gust. Meyer a. a. o. s. 67. über solche doppelheiten in der stammbildung und ire nutzbarmachung für die zwecke der composition: „trotzdem haben wir nicht nötig, für jede einzelne der zahlreichen solche bildungen aufweisenden zusammensetzungen die existenz eines derartigen -o- stammes [Meyer spricht hier von der vertretung der neutralen -εσ- stämme durch männliche oder weibliche -o-stämme in der griechischen nominalcomposition] anzunemen; es konnte sich im laufe der zeit eine analogie herausbilden, die endlich die ursprüngliche form der -as-stämme wenigstens aus dem ersten teil von compositen gänzlich verdrängte." Obwol also auch nicht für jeden -μο-stamm im griechischen compositum nach einem selbständigen vertreter gesucht zu werden braucht, so bieten doch auch öfter die verwanten sprachen einen solchen dar, wo er dem griechischen felt. So wird αἷμα, st. urspr. αἱμαν-, in der zusammensetzung zwar auch durch αἱμον- vertreten: ἀν-αίμων, ἐν-αίμων, ὁμ-αίμων; daneben aber ebenso oft durch αἱμο-: ἀν-αιμο-ς, ἐν-αιμο-ς, ὁμ-αιμο-ς. Und disen kürzeren stamm one den nasal weist, vorausgesetzt dass Ficks vergleichung spracheinh. d. Indog. Europ. s. 375. wörterb. I³ 799. richtig ist, auch das ahd. *seim* m., altnord. *hunang-seim-r*, st. urd. *saima*- tatsächlich auf. Der in griech. πέλ-μα ‚fusssole, sandale' ursprünglich vorhandene suffixale nasal bewärt sich als alt durch die vergleichung mit ags. *fil-men* ‚membrana', altfris. *fil-mene* f. ‚haut'; das kürzere πελ-μο- in μονό-πελμο-ς ‚einsolig' aber hat ebenfalls einen genauen deutschen reflex in ags. engl. *fil-m* m. ‚haut'. Fick spracheinh. s. 192. 241. 338. wörterb. I³ 667.; vergl. auch Bugge zeitschr. f. vergl. sprachf. XIX 409., obwol die dort befürwortete Benfey'sche zusammenstellung diser wörter mit skr. *kár-man-*, abaktr. *kare-man-* doch nicht als bewisen gelten dürfte. Für den bearbeiter eines solchen werkes, wie das Fick'sche vergleichende wörterbuch, muss es in disen und allen änlichen fällen oft fraglich sein, welches der beiden themen, ob das auf -*ma*- oder das auf -*man*-, er als die grundsprachliche form anzusetzen habe. Fick verzeichnet sowol *pelman-* als *pelma-* als europäisch, dagegen nur *saima-*, nicht auch *saiman-*. Ein anderes instructives beispil ist bei im folgendes. Fick setzt

I³ 702. für die wörter gr. πυθ-μήν und βυθ-μό-ς (bei Hesych.), ags. *bot m*, alts. *bod-o m*, ahd. *pod-a-m*, mhd. *bod-e-m* als zu erschliessende grundform des wortschatzes der europäischen spracheinheit den stamm **bhudh-ma(n)-* an. Das eingeklammerte (*n*) soll wol nichts anderes bedeuten, als dass der verfasser es dahingestellt lassen will, ob bereits in jener proethnischen periode die stämme **bhudh-ma-* und **bhudh-man-* neben einander existiert haben oder ob das griechische für sich allein später die erweiterung des suffixes -*ma-* zu -*man-* vorgenommen habe. Der nemliche zweifel ist von Fick wörterb. I³ 457. für die arische grundform **stau-ma(n)-* angedeutet, welche aus skr. *stó-ma-* m. und abaktr. *çtao-man-* n. ‚lob, preis' erschlossen wird. Offenbar ist eben beides möglich. So gut wie an der hand der vorhandenen muster die sprache zu einem -*man-* stamme für die zwecke der wortcomposition oder auch one einen solchen zweck einen -*ma-*stamm schaffen konnte, wenn ein solcher von alters her nicht vorhanden war, ebenso gut konnten umgekert auch in einer einzelnen sprache später noch aus ursprünglichen -*ma-*stämmen jederzeit und leichter weise -*man-*stämme entspriessen. Angenommen also, das griechische habe seinen -*man* stamm *πυθ-μέν-*, das sanskrit sein thema *dhár-man-* n. ‚gesetz, ordnung', welche keine morphologisch ganz genau entsprechenden verwanten in den übrigen sprachen haben, nicht aus urzeiten besessen: dann bildeten die beiden sprachen offenbar dise stämme one schwirigkeit neben den -*ma-*stämmen *βυθ-μό-* = urdeutsch **bud ma-* (Fick wörterb. III³ 214) und *dhár-ma-* m. = lat. *fir-mo-* (Fick I³ 116.) nach der analogie der überlieferten doppelheiten wie indog. **ag-man-* und **ag ma-* (skr. *áj man-* = lat. *ag-men*, skr. *aj-má-* = gr. ὄγ-μο, Fick I³ 8.), indog. **āt-man-* und **āt-ma-* (skr. *āt-mán-* = gr. ἀσθ-μα, alts. *āt-o m*, ags. *āđ m āđ-u m*, ahd. *āđ-u-m āt-u-m* = gr. ἀτ-μό-, Fick I³ 12. 485.), indog. **ai-man-* (skr. *é-man-* n. ‚ban, gang' = gr. οἶ-μα ‚andrang, angriff') und **ai-ma-* (skr. *é-ma-* = gr. οἶ-μο- Fick I³ 27.) und viler anderen nicht über merere sprachen verbreiteten doppelbildungen derselben art.*) Eine speciell

---

*) Dass zufällig bei skr. *dhár-man-* und *dhár-ma-* die chronologie des litteraturgebrauches eher für den umgekerten gang der entwickelung spricht (vergl. das Petersb. wörterb.), kommt hier nicht in betracht: das beispil ist beliebig gewält und kann nach belieben durch jedes andere ersetzt werden.

der griechischen sprache angehörende entwickelung von *bhudh-ma- = βεϑ-μό- zu *bhud-man- = αιϑ-μέν- und eine gleiche im sanskrit von dhár-ma- zu dhár-man- ist nicht denkbar, one dass eine reihe von mustern solcher doppelthemen auf -ma- und auf -man als gegeben und vorligend anerkannt werde, nach deren analogie die weiterbildung geschehen konnte. Denn das ist ganz unmöglich anzunemen, dass die sprachen noch von dem zeitpunkte an, wo sie eine jede ire eigenen wege zu wandeln begannen, einen nominalstamm um ein weiteres pronominales und als solches mit bewustsein gefültes formationselement zu vermeren im stande gewesen seien und auf dise weise aus kürzeren suffixformen sich vollere und längere geschaffen haben könnten. War dis auch wol, wie wir zu vermuten allen grund haben, in der zeit der ältesten sprachschöpfungen der hergang für das zustandekommen zusammengesetzter nominalsuffixe (Curtius z. chronol. d. indog. sprachf.² s. 42 f.): in den zeiten späterer sprachbildung geschahen neue formationen einzig nach den überlieferten mustern und die schöpfungen der ältesten sprachperiode blieben in disem sinne massgebend für alle späteren entwickelungsstadien. Zu disem schlusse zwingt von allem anderen abgesehen schon allein die erwägung eines chronologischen momentes. Die fertige vollendung der declination muste abschliessend sein für jene uralteste weise der stammerweiterung, denn nach dem festen verwachsen der casussuffixe mit dem stamme ward diser nicht mer als etwas selbständiges und für sich existierendes von der sprache gefült, konnte also auch nicht mer an und für sich und als solcher erweiterungen erfaren und neue zusätze erhalten. Nur die analogie, das schaffen nach den fertigen vorbildern der vorzeit, konnte hinfort noch eine quelle neuer gestaltungen der nominalstammbildenden elemente des wortes werden.

Das gleiche verfaren, wie das vorhin besprochene der griechischen sprache, von zwei neben einander bestehenden stämmen auf -man- und auf -ma- den kürzeren für die wortzusammensetzung zu verwenden, beziehungsweise einen solchen kürzeren -ma-stamm, falls er nicht vorhanden war, als stellvertreter des längeren -man-stammes zu genanntem zwecke neu zu schaffen, dises selbe verfaren kennt in einem ganz vereinzelten und versprengten beispile auch das lateinische, nemlich in dem worte *sub-līmu-s* ‚hoch, erhaben,‘ eigentl. ‚unter die (obere) türschwelle reichend‘ neben *līmen* ‚schwelle‘; ein etymologischer zusammenhang, welchen zuerst Ritschl erkannt hat; vergl. darüber Schweizer in der zeitschr. f. vergl. sprachf. III 374. Villeicht haben wir in disem *sub-līmu-s* ein gerettetes fragment einer ehemals auch im lateinischen weiter verbreitet gewesenen gebrauchsweise der *-ma*-stämme neben den *-man*-stämmen, und möglicher weise ist der frühzeitig aus dem sprachbewustsein entschwundene zusammenhang von *sub-līmu-s* mit *līmen* für die ursache zu halten, dass jenes bruchstück sich beim aufkommen der späteren bildungsweise der lateinischen nominalcomposition, wie sie z. b. in *nomen* und *co-gnomin-i-s*, *bi-nomin-i-s*, *tri-nomin-i-s*, *multi-nomin-i-s* sich zeigt, als ausname auf die nachwelt rettete. – Gotische beispile derselben art, wie skr. *-a-* in compositis neben *-an-*, griech. *-μο-* in gleichem falle neben *-μαν-*, wollte Leo Meyer flex. d. adj. s. 64 f. in den adjectiven *hauh-hairta-* ‚hochmütig‘, *arma-hairta-* ‚barmherzig‘ neben *hairtan-* n. ‚herz‘, *in-aha-* ‚verständig‘ neben *ahan* m. ‚verstand‘ sehen. Doch urteilt er später, got. sprache s. 247., unzweifelhaft richtiger, dass die nominalen *n*-stämme *hairtan-* und *ahan-* bei irem eintritt in die adjectivische composition notwendig eben wegen irer beschaffenheit als *n*-stämme die schwache form des adjectivums abgeben musten und dass dann erst durch die analogie der gesamten übrigen adjectiva gleichsam von selbst für die starke form jene *-a*-stämme *hauh-hairta-*, *arma-hairta-*, *in-aha-* ins leben gerufen wurden.

Überall, das dürfen wir nach den bisherigen erörterungen zuversichtlich aussprechen, treffen wir in der stammbildung der indogermanischen sprachen auf tatsachen, welche von einem uralten zusammenhange der stämme auf *-a-* und *-an-*, *-ra-* (*-u-*) und *-ran-* (*-un-*), *-ma-* und *-man-* mit so vil sicherheit, als sich überhaupt in disen dingen erwarten lässt, zeugnis ablegen. Manchmal macht auch die sprache, wie wir ebenfalls erkannten, den anlauf, ire formenabundanz zweckmässiger zu verwerten, durch differenzierung und passende verteilung zwischen den lautlich unterschidenen bildungsmitteln ein verhältnis der ablösung und gegenseitigen hilfeleistung eintreten zu lassen, wo ein solches wünschenswert erschin. Dass noch eine menge von fällen übrig bleibt, in denen von einer differenzierung keine spur zu merken ist, kann dabei natürlich nicht befremden. Wenn die fülle der ir zu gebote stehenden lautlichen mittel, gleichsam ein vollständig und gar über bedürfnis ausreichender hausrat, die sprache befähigt, überall für die notwendigen bedürfnisse vorkerungen zu treffen und abhilfe zu schaffen, was dem auszudrückenden begriffe nach nicht völlig zusammenfällt, auch dem laute nach als solches zu kennzeichnen: werden wir uns wundern, wenn dieselbe sprache es daneben nicht verschmäht, ir haus auch mit woltuendem luxus auszustatten? Um zu einem masculinen -a-stamme das entsprechende femininum zu bilden, genügte das einfachste mittel, nemlich die denung des suffixes zu -ā, und dises mittel ist ja tatsächlich auch oft genug in anwendung gebracht worden. Eine form wie ϑέαινα hätte der Grieche, da er ϑεά besass, füglich entberen können, und das femininum zu sūrja- ‚sonne‘ war ja im altindischen auch schon durch sūrjā́ vertreten, so dass die bildung von sūrjā́ṇī im grunde ebenso überflüssig war wie die von ϑέαινα. Ein grund ist ferner wol kaum anzugeben, warum nicht die griechische sprache, um das femininum zu dem begriffe ‚löwe‘ zu bilden, einen kurzen masculinen stamm *λεο- zu grunde legte und entsprechend dem lateinischen femininum lea eine form *λεα gebrauchte, sondern dafür vilmer λέαινα, das formell femininum zu *λεον- = lat. leōn-, ahd. lewin-, nicht zu λέοντ- ist (Curtius zeitschr. f. vergl. sprachf. IV 215, grundz. ⁴ unt. nro. 543.). Der grund für dis verfaren der griechischen sprache entzieht sich ebenso unseren blicken wie der für das fast umgekerte verfaren im lateinischen, wo sich leōn- für das männliche, lea für das weibliche geschlecht festsetzte (leaena entlehnt). Und ebenso wer vermöchte es zu sagen, warum der Grieche λέκαινα sagte, wo der Römer sich mit der einfacheren bildung lupa begnügte? One differenzierung stehen alle dise bildungen mit verschidenen mitteln neben einander. Griech. λευκό-ω bedeutet so gut wie λευκαίν-ω nur transitiv ‚weiss machen‘, wärend wir gleichzeitig widerum bei den verben ϑέ-ω und ϑέν-ω beobachten, dass die sprache die doppelheit des vocalischen und des auf den nasal ausgehenden stammes nicht unbenutzt liess, sondern den unterschied der intransitiven und der transitiven verbaltätigkeit dadurch auszudrücken für gut fand.

Solchen freieren und mer willkürlichen lebensäusserungen des sprachgeistes gegenüber hat der sprachforscher wol kaum eine andere pflicht, als eben nur ir tatsächliches vorhandensein zu constatieren; eines kopfbrechens über die letzten gründe derselben darf sich die empirische forschung mit fug und recht entschlagen Wol aber ligt es derselben ob, in den fällen, wo die sprache eine vernunftgemässe entwickelung durchgemacht hat, wo sich aus ursprünglich und an und für sich selbst regellosen formenmassen ein gesetz und eine regel herausgebildet hat, da den erscheinungen rückwärts bis zur quelle der entwickelung nachzugehen, gleichsam die unbewusten gedanken des sprachbildenden menschengeistes nachzudenken und seine taten auf dem wege der wissenschaftlichen analyse noch einmal zu tun. Der sprachwissenschaft ergeht es in disem punkte genau ebenso, wie einer anderen mit ir so oft bald fälschlich bald richtig verglichenen wissenschaft, der ebenfalls mit einem gegebenen stoffe arbeitenden naturwissenschaft. Auch für dise bleibt es ja immer eine irer wesentlichsten aufgaben, nachzuforschen und durch ergründung der historischen entwickelung nachzuweisen, wie in der natur und irem organismus die herschend gewordenen gesetze und gesetzmässigen erscheinungen ein product des zusammenwirkens der verschidenen kräfte und des in-beziehung-tretens der einzelnen objecte sind. Die objecte selbst und die sie bewegenden kräfte sind auch für den naturforscher etwas durchaus gegebenes.

Keren wir nach disen allgemeinen bemerkungen zu unserem gegenstande zurück und erwägen folgendes. Wir haben einen von uralten zeiten her bestehenden und in zalreichen beispilen und sprachlichen erscheinungen sich zeigenden parallelismus der nominalstämme mit den suffixalen ausgängen -a- und -an-. Dise beiden formationen nun, von anfang an gewis nur dadurch in zusammenhang stehend, dass es vile beispile von wortstämmen gab, die bald mit dem einen bald mit dem anderen suffixe gebildet dennoch in irer bedeutung und function keine änderung erlitten, treten nach und nach in vilfache beziehung zu einander, können sich facultativ in flexion und wortbildung zu ergänzungsweiser verwendung ersetzen, sich auch gegenseitig aus einander durch das mächtig wirkende gesetz der analogie entwickeln, der kürzere stamm nach bedürfnis aus dem längeren, der längere aus jenem hervorspriessen u. dgl. mer. Die tribfeder, welche es bewirkt, dass solche beziehungen, in welche die -a- und -an-stämme zu einander treten, zu fruchtbaren keimen für die weitere formenerschaffende tätigkeit der sprache werden, auf neuen zu betretenden banen der sprachlichen formenbildung als eine ergibige quelle und nutzbare fundgrube sich erweisen, ist nichts anderes als der differenzierungstrib der sprache und das sich daran unmittelbar anschliessende und lebendig werdende wirken der analogie. Ich kann alles dasjenige, was ich hier sagen will, kaum besser ausdrücken, als indem ich einen schönen ausspruch Scherers wörtlich hersetze. Scherer handelt z. gesch. d. deutsch. spr. s. 215. über die grosse mannigfaltigkeit von bald einzeln zusammenhangslos auftauchenden, bald in weitverzweigter gemeinschaft stehenden formen und äussert sich darüber also: „Es offenbart sich darin der verschwenderische oft über das zil hinaus treibende schaffensdrang der sprache, es quillt uns die fülle der dittologien (nach Potts treffender bezeichnung) entgegen: gleichbedeutende gebilde verschidener gestalt, welchen aber das streben innewont, diser verschidenheit sinn unterzulegen, dergestalt dass den elementen irer form schliesslich werte und functionen zukommen, welche mit irem ursprünglichen gehalt wenig inneren conex besitzen. So folgt im allgemeinen auf die periode der dittologien ein zeitalter der differenzierung u. s. w."

Als eine ebensolche „dittologie" (behalten wir den ausdruck bei) erwis sich uns die bildung nominaler themen mittels der suffixe -a- und -an-. Im deutschen adjectivum sehen wir eine differenzierung durchgedrungen, welche das ganze ansehen dises redeteils nicht nur, sondern in weiterem sinne der gesamten nominalen flexion überhaupt in unserer sprache umzugestalten vermocht hat. Es fragt sich: wann begann in disem speciellen falle das ‚auf die periode der dittologien folgende zeitalter der differenzierung'?*) Jedenfalls — so vil ist klar — chrono-

---

*) Über den begriff ‚differenzierung' wird es hier nicht unangebracht sein, eine bemerkung nebenher zu schicken. Gelegentlich einer besprechung eines aufsatzes von Angermann über den differenzierungstrib im griechischen und lateinischen bemerkt neuerdings Delbrück in der Jenaer literaturz. 19. juni 1875. s. 456. folgendes: „Es fragt sich überhaupt, ob, wenn man an die stelle der bisher üblichen mer oder minder

logisch beträchtlich weit vor dem eintritt des sprachlichen und nationalen sonderlebens der germanischen dialekte. Denn wenn alle deutschen dialekte bis zu den ältesten überlieferten denkmälern der sprache hinauf die vollständige scheidung beider bildungsweisen je nach der verschidenen function des adjectivs, ganz so wie wir sie heute haben, kennen, so folgt mindestens zunächst, dass in der zeit der germanischen spracheinheit die entwickelung bereits eine vollständig abgeschlossene gewesen sein muss. Es folgt aber weiter auch, zwar weniger strenge, aber doch aus gründen grosser warscheinlichkeit, dass das zeitalter der differenzierung nicht von anfang bis zu ende in die zeit von der abtrennung des deutschen von seinen schwestersprachen bis zur spaltung in seine dialekte hineinfallen wird, dass der anfangspunkt der differenzierung vor dem beginn der individuellen sonderexistenz der germanischen sprache und nation ligen wird. Denn so durchgreifende und so tief in den ganzen bau und charakter der sprache einschneidende veränderungen brauchen zugestandenermassen lange zeiträume der entwickelung. Es ligt also mer wie nahe, spuren der gleichen differenzierung irgend wo in den verwanten sprachen zu vermuten.

Das slawische und litauische, sonst die nächsten verwanten des deutschen, bei denen darum auch zuerst angefragt werden muss, lassen uns für dise frage ganz im stich.

teleologischen auffassung die historische setzt, sich der begriff differenzierungstrib noch halten lässt." Ich huldige der in disem ausspruche enthaltenen grundanschauung durchaus. Von beabsichtigter differenzierung kann in der sprache gar nicht die rede sein. Vilmer sind entstandene differenzen so zu erklären, dass zunächst in folge von zufälligkeiten des gebrauches zwei in irem ursprunge gleiche oder sich ser nahe stehende formationen aus einander giengen. An jede schlossen sich dann auf dem wege der analogie neubildungen an, und so standen sich denn alsbald zwei geschidene classen gegenüber. Will man disen trib der sprache, analogische nachbildungen einmal differenziert gewordener formen vorzunemen, differenzierungstrib nennen, so kann man das der kürze halber wol tun, muss sich aber freilich dabei bewust bleiben, dass jenes verfaren der sprache eigentlich und richtiger die benutzung einer historisch entstandenen differenz zu weiteren sprachlichen zwecken, als die herbeifürung diser differenz selbst ist. Meine ganze weitere ausfürung über die differenzierung der -*a*- und der -*an*-stämme wird es bestätigen, dass ich mit Delbrück der ‚teleologischen auffassung‘ solcher vorgänge fern stehe.

In disen sprachen ist überhaupt die zal der auf *n* auslautenden nominalstämme auf einen verhältnismässig geringen rest zusammengeschmolzen. Das slawische kennt im wesentlichen nur noch -*man*-stämme, das litauische noch weniger der art; geschweige denn kann davon die rede sein, dass wir etwa adjectiva auf -*a*- und daneben stämme auf -*an*- von nier substantivischer bedeutung, wie sie dem deutschen bestimmten adjectivum entsprechen würden, zu finden erwarten dürften. Wol aber finden wir änliches wie im deutschen in der südeuropäischen sprachengruppe, im griechischen und lateinischen; und in welchem masse, wie weit hier bereits die gleiche erscheinung, die im deutschen zum gesetze erhoben worden ist, auftritt und warzunemen ist, das nachzuweisen fällt dem folgenden teile unserer untersuchung als aufgabe anheim. Auf das vorhandensein aber der einschlägigen griechischen und lateinischen analogien überhaupt zuerst aufmerksam gemacht zu haben ist widerum das verdienst Leo Meyers. Vergl. dessen flex. d. adj. s. 66 f.

II. Individualisierendes und substantivierendes -αν- im griechischen und lateinischen.

Zunächst wird es hier nötig sein, die frage aufzuwerfen und in kürze zu beantworten, ob überhaupt und in wie weit und durch welche mittel sich in den sprachen unseres stammes die bildung der adjectiva im laufe der zeit eigentümlich und von der der substantivischen nomina abweichend gestaltet hat.

Man kann wol als unzweifelhaft annemen, wenigstens weist uns alles auf dise annahme hin, dass in der ältesten zeit der indogermanischen wortbildung ein unterschied zwischen dem substantivischen und dem adjectivischen nomen durch die bildungsweise des stammes und auch durch die flexion desselben nicht gemacht ward. Jedes suffix war an sich fähig der einen wortart so gut wie der anderen als bildungsmittel zu dienen. Nur der zusammenhang des sinnes wird entschieden haben, welches von zwei neben einander gesetzten nominibus als die substanz aufgefasst ward und welchem die rolle des einen merkmalsbegriff der substanz ausdrückenden attributs zukam. Und ebenso wird nur der sprachgebrauch es gewesen sein, von dem es abhieng, ob für ein bestimmtes nomen sich die adjectivische oder die substantivische bedeutung festsetzte. Dass es ursprünglich so war, ligt schon in dem wesen und der etymologischen entstehung der später als substantiva gebrauchten wörter selbst begründet; denn „das substantivum bezeichnet den gegenstand auch nur nach irgend einem einzelnen merkmale" und „auch wo wir den attributiven grundbegriff in dem substantiv nicht mer fülen, geht dasselbe doch immer von einer in der anschauung (der wurzel) ligenden merkmalsbestimmung aus, welche mit dem charakter der substantialität bekleidet ist." Heyse system d. sprachwiss. s. 393. Ebenso sagt Th. Jacobi in seinen „untersuchungen über die bildung der nomina in den germanischen sprachen' Breslau 1847. s. 25., dass, zum unterschide von dem im deutschen ganz anders gestalteten verhältnisse beider, substantiv und adjectiv im sanskrit vollständig, im griechischen und lateinischen teilweise wenigstens „gleichsam nur eine etymologische bildung" seien. Jacobi färt dann fort: „Der sprachgebrauch stempelt wol das eine wort zum substantiv, das andere zum adjectiv, allein es ist eine geringe schwirigkeit vorhanden, dise scheidung wider aufzuheben. Was bisher nur abhängig stand, kann leicht auch unabhängig gedacht werden und so findet ein häufiger übertritt aus der classe der adjectiva in die der substantiva statt, one dass es dafür einer besonderen äusseren form bedürfte."

Von disem ursprünglichen zustande sind die arischen sprachen augenscheinlich nur ser wenig abgewichen. Den adjectivischen nominalstämmen kommen im grossen ganzen durchaus dieselben suffixalen bildungsmittel zu wie den substantivisch gebrauchten. Als beispil diene die uralte bildung von nomina agentis durch -tar-. Dises suffix zeigt entschiden schon ser frühzeitig die neigung sich ganz substantivisch auszuprägen; und dass es dises substantivische gepräge bereits auch im sanskrit und altbaktrischen erhalten hat, wird sich nicht verkennen lassen, so dass Justi handb. d. Zendspr. s. 371. wol sagen kann: „Affix -tar- subst. agent. masc." Indessen wenn man siht, wie im ältesten sanskrit der vedischen hymnen (Bopp vergl. gramm.³ §. 811., A. Kuhn in seiner zeitschr. XVIII 390 ff.) und auch im Avesta (Bopp ebend. anm. und Hübschmann zur casuslere s. 190 f.) derartige nomina agentis auf -tar- namentlich als prädicat gesetzt noch förmlich wie verbale participia fungieren; so wird man nicht zweifeln können, dass es ebenso der sprache auch ein leichtes war, ein nomen auf -tar- jederzeit auch als adjectivisches attribut zu verwenden. Beispile sind mir zwar nicht zur hand, doch werden sich solche zweifelsone mit leichter mühe finden lassen. — Im lateinischen mögen sich ebenfalls vereinzelte fälle, wie der gebrauch von *victor* als adjectivum: ‚sigreich' in *victor exercitus, victor equus, victrix causa*, von *vector* ‚tragend' in *vector asellus* (bei Ovid) u. dergl. als überreste eines früheren zustandes auffassen lassen; obgleich man für solche doch immerhin ser seltenen gebrauchsfälle die anname eines mer appositionellen verhältnisses villeicht zulässiger finden wird als die eines rein attributiven.

Nun aber sehen wir, wie die sprachen von jener alten weise, zwischen substantivum und adjectivum keinen unterschid der formalen bildung zu machen, allmählich immer weiter sich entfernen. Und der gang diser entwickelung ist im allgemeinen der, dass sich die zal der für das adjectivische nomen brauchbaren und wirklich gebrauchten suffixe immer mer einschränkt: das adjectivum wird in vergleich mit dem substantivum auf ein geringeres mass der möglichkeiten seiner stammbildung eingedämmt.

Betrachten wir in einem kurzen überblicke den stand der adjectivischen declination in den europäischen sprachen mit rücksicht auf die bildung der stämme, so gewinnen wir folgende resultate.

Nur im griechischen ist noch der dem adjectivum gelassene spilraum, seinen stamm zu bilden, ein verhältnismässig grosser. Ausser allen vocalischen ausgang habenden suffixen sind auch noch eine menge consonantisch auslautender suffixe gleich fähig für die adjectivische wie für die substantivische stammbildung. Die scheidung der substantiva und adjectiva durch die anwendung einer enger umgrenzten anzal von stammbildungsmitteln für die letztere wortkategorie ist noch nicht ser weit vorgeschritten. Und was für unseren zweck das wichtigste ist: *n*-stämme (suff. *-an-* und *-man-*) finden sich beim adjectivum unter allen europäisch-indogermanischen sprachen nur noch im griechischen vertreten; suff. urspr. *-an-* in: μέλ-αν-, τάλ-αν-, τέρ-εν-, ἄρσ-εν-, αἰθ-ων-, τρίβ-ων-; suff. urspr. *-man-* in δαή-μον-, ἐλεή-μον-, μνή-μον-, φράδ-μον-, ἐθελή-μον-, ζηλή-μον- u. a. Durch disen sachverhalt kennzeichnet sich auch hier das griechische bei weitem als die altertümlichste aller indogermanischen sprachen innerhalb Europas.

Erheblich anders ligt die sache schon im lateinischen. Bringen wir zunächst einige wenige adjectivische *s*-, beziehungsweise *r*-stämme wie *vetus*, *pubes* oder *puber*, *pauper*, die allerdings immer consonantisch gebliben sind, in abrechnung und sehen wir sonst noch von ganz vereinzelten und nicht einmal ganz sicheren ausnamen wie das vorhin genannte *victor* ab, so gibt es im lateinischen nur noch adjectiva mit vocalischem stammauslaute. Und selbst in disem engen ramen

hat noch eine uniformierung, die wichtige veränderungen im
gefolge hatte, statt gefunden: es finden sich nur noch -o-(-io-)
und -i-stämme, die ursprünglichen adjectivischen -a-stämme
haben sich samt und sonders der analogie und declination der
-i-stämme angeschlossen. Dise -i-declination hat aber auch
sonst beim adjectivum zuwachs bekommen, indem sie auch
die meisten consonantischen stämme, vor allem die auf -āc-
(-ōc-) und die participia auf -nt-, in iren bereich zog. Die
vergleichung sich entsprechender griechischer und lateinischer
beispile veranschaulicht dis am besten; man vergleiche z. b.
die paradigmen der stämme $rapāc(i)$-, $ferent(i)$- mit der durchaus consonantischen declination der griechischen $ἁρπαγ$-, $φέ$-
$ροντ$-. Hiergegen wende man nicht ein, dass ja überhaupt
im lateinischen die -i-declination auch beim substantivum die
consonantische declination gröstenteils zu überwältigen vermocht habe (Gust. Meyer in Curtius' stud. V 45. ff.): bekanntlich sind beim adjectivum auch diejenigen casus von -i-stäm-
men gebildet, welche in der declination der substantiva mit
ursprünglich consonantischem stammauslaute dem allgemeinen
zuge widerstanden haben, der nom. acc. voc. plur. neutr. (-ia)
und der gen. plur. (-ium). Dadurch kennzeichnen sich die
consonantischen adjectivstämme als zu wirklichen -i-stämmen
gewordene, wärend bei den entsprechenden substantiven nur
von einem declinirtwerden nach der analogie der -i-stämme
in den meisten casus geredet werden kann. Auszunemen
sind hiervon nur die comparative auf -ior, mit denen es
allerdings ganz ebenso wie mit den eben genannten *vetus*,
pubes (*puber*), *pauper* sich verhält: sie declinieren freilich, da
sie im neutr. plur. -a, im gen. plur. -um haben, consonantisch,
d. h. so consonantisch, als es eben im lateinischen überhaupt
noch möglich ist. Was sonst aber als reste der alten consonantischen flexionsweise der adjectiva übrig geblieben ist, sei
es als archaismen, wie *silenta loca* Naev. bei Gell. 19, 7, 7,
die gen. plur. auf -um im participium wie *amant-um*, *absent-
um*, *gerent-um* bei den älteren dichtern und inen nachgeamt
bei Vergil und Ovid (Corssen ausspr. voc. II² 691., Gust.
Meyer a. a. o. s. 47 f.), sei es als die für alle zeiten regelmässig gebliebenen formen, wie der consonantische nom. sing.
rapax, *ferens*, sei es als sonstige ausnamen wie der gen. plur.
auf -um bei den adjectiven *caelebs*, *cicur*, *dives* und einigen

anderen: alles dis zeigt nur, wie ser die neigung der sprache, consonantische adjectivstämme zu verdrängen, noch gleichsam vor unseren augen im flusse begriffen, noch nicht zum abschlusse gedihen war.

Im lateinischen also hat das streben, die stammbildung und declination der adjectiva einförmiger zu gestalten, schon die allermerklichsten fortschritte gemacht.*) Dasselbe streben gewaren wir in der gruppe der nordeuropäischen sprachen, welche iren engeren zusammenhang auch in diser frage bekunden durch die zimlich gleiche weise, wie sich in inen die adjectivische stammbildung gestaltet hat. Im ganzen finden wir hier nemlich, von einer einzigen spur adjectivischer -i-stämme im gotischen abgesehen, nur noch -a-, -ja- und -u-stämme beim adjectivum. Dise drei arten sind aber wider unter sich geneigt, mannigfache vermischungen einzugehen, und der process der uniformierung der adjectivflexion ist gerade so wie im lateinischen noch nicht zum stillstande gekommen, sondern noch fortwärend gleichsam in lebendigem flusse begriffen.

Das slawische lässt die -u-stämme mit den -a-stämmen zusammenfallen. Das einstige vorhandensein von -u-adjectiven kann aber auch für eine frühere periode der slawischen sprache nicht zweifelhaft sein; bekanntlich legen etymologische übereinstimmungen wie abulg. *qzŭ-kŭ* = skr. *áṁś-s*, got. *aggva-s*, abulg. *ligŭ-kŭ* = skr. *laghú-s*, griech. *ἐλαχύ-ς*, abulg. *sladŭ-kŭ* = lit. *saldù-s* u. änl. davon untrügliches zeugnis ab. Vergl. Schleicher compend.³ §. 216, b. s. 373. Also nur -a- und -ja-stämme rettet das adjectivum im slawischen und einige neue abwechselung im klange der flexionsausgänge bewirken nur die durch das *j* des suffixes -ja- verursachten lautwandelungen. — In betreff der ursprünglich consonantischen adjectivstämme, der participia mit suff. urspr. -ant-, -ans-, -$vans$- und der comparative auf -$jans$- im slawischen, ist hier nur noch hinzuzufügen, dass auch sie alle meist -ja-stämme geworden sind; nur der nom. sing. masc.

---

*) Manches auf die differenzierung von substantiv und adjectiv durch die lautliche form, besonders durch die stammbildenden suffixe bezügliche material aus der griechischen und lateinischen sprache findet man zusammengestellt bei Leop. Schröder ‚über die formelle unterscheidung der redeteile im griechischen und lateinischen' Leipz. 1874. s. 95 ff.

bleibt consonantisch (vergl. lat. *ferent-s) und der nom. plur. masc. kann ausser dem -ja-stamm auch einen -i-stamm zu grunde legen. Das nähere leren Schleicher compend.³ in den §§. 218. 229. 232. und Leskien handb. d. altbulg. spr. §. 63.

Weniger weit als im slawischen ist die uniformierung im litauischen gedihen. Dise sprache hat noch adjectivstämme auf -u-. Aber einerseits beginnt sich die grenze zwischen disen -u- und den adjectivischen -a-stämmen zu verwischen: neben manchem adjectivum auf -a-s, fem. -à taucht eine gleichbedeutende form auf -ù-s, fem. -i auf und dadurch dent sich das gebiet der -u-adjectiva über seine alten grenzen aus. Andererseits mischen sich auch die -u-stämme vilfach mit den adjectivischen -ja-stämmen und es bildet sich aus beiden eine gemischte declination, was hier näher auszufüren nicht der ort ist. Vergl. darüber den aufsatz von Joh. Schmidt ‚über das litauische nominalsuffix -u‘ in den beitr. z. vergl. sprachf. IV 257—267 und Schleicher lit. gramm. s. 205., compend.³ §. 216, b. s. 373. f. Dise mischung der adjectivischen -u- und -ja-stämme geschiht in der art, dass sowol für den ursprünglichen -u-stamm in denjenigen casus, aus welchen er verdrängt wird, regelmässig ein unursprünglicher -ja-stamm eintritt (vergl. drąsù-s = gr. ϑρασύ-ς, platù-s = gr. πλατύ-ς, aber dat. sing. drąsiam, płaczám), als auch umgekert ein unursprünglicher stamm auf -u- in den dem -u-thema reservierten casus an stelle eines -ja-stammes platz ergreift. — Hinsichtlich der participia auf urspr. -ant- und -ans- gilt ganz änliches wie im slawischen: auch sie, fast durchweg -ja-stämme geworden, lassen dem alten consonantischen thema nur noch im nom. sing. masc. und neutr. und im nom. plur. masc. seine alte stelle. Schleicher lit. gramm. s. 210. compend.³ §§. 218. 229. Über die litanische adjectivflexion im allgemeinen ist ausserdem noch zu sagen, was ganz ebenso auch für das deutsche gilt, dass die pronominale declination der unbestimmten form dann noch einen weiteren abstand von der substantivischen declination begründet.

Fast ganz änlich wie im litauischen steht es mit der stammbildung der adjectiva im gotischen. Von -i-stämmen ist nur eine spur im nom. sing. (und beim neutr. auch im acc. sing.) mererer adjectiva erhalten, die sonst -ja-stämme sind: got. gamain-s, gamain = lat. communi-s, commune, got. hrain-s hrain, st. hraini- villeicht = skr. çrēṇi- in çrēṇi-dant- ‚reinzänig' (Kern zeitschr. f. vergl. sprachf. XXII 553); sonst herschen die stämme *gamainja-, krainja-*. Vergl. O. Schade paradigmen zur deutschen grammatik (1860) s. 30 f., Holtzmann Germania VIII 259., Scherer z. gesch. d. deutsch. spr. s. 398. Ausserdem gibt es auch im gotischen nur noch stämme auf *-a-*, *-ja-* und *-u-*, auch hier findet mischung der stämme auf *-u-* mit denen auf *-ja-* und zusammenschliessung beider zu einem declinationsparadigma statt. Joh. Schmidt beitr. z. vergl. sprachf. IV 266, Schleicher compend.³ §. 216, b. s. 374. Ja von den adjectivischen *-u*-stämmen ist eigentlich der gebliebene rest nicht grösser als von den *-i*-stämmen, und nur wegen des von dem auslautsgesetze verschonten *-u-* sind die *-u*-stämme für den äusseren anblick günstiger gestellt: auch nur im nom. sing. aller geschlechter und im acc. sing. beim neutr. zeigt sich das *-u*-thema.*) Es ist ferner auch im deutschen der process der uniformierung deutlich in seinem fortschreiten zu beobachten, wenn man vom gotischen zum althochdeutschen und altsächsischen herabsteigt. Offenbar muss jene letzten spuren von *-i-* und *-u*-stämmen das schicksal treffen, ausgemerzt zu werden. Wärend die *-u*-declination beim substantivum im althochdeutschen und altsächsischen noch nicht ausgestorben ist (Heyne kurze laut- und flexionsl. d. altgerman. sprachst. s. 247 f. 258 f.), ist von adjectiven wie got. *hardu-s, thaursu-s, kauru-s* keine rede mer. Meistens sind sie ganz zu *-ja*-stämmen geworden, indem die übrigen casus mit irer analogie den nom. sing. und acc. sing. neutr. überwucherten: ahd. *harti herti* = got. *hardu-s*, ahd. alts. *engi* = got. *aggvu-s*, skr. *ahú-s*, ahd. *durri* = got. *thaursu-s*, skr. *tŕṣú-s*, ahd. *dunni* = skr. *tanú-s*, lat. *tenu-i-s*, ahd. *suogi* = skr. *svādú-s*, gr. ἡδύ-ς, (got. *sūt-s* ist gemischter *-i-* und *-ja*-stamm), ahd. *ka-sunti* = skr. *sādhú-s*, gr. ἰϑύ-ς. Es kann aber auch die analogie der zalreichen adjectivischen *-a*-stämme sich geltend machen und die absterbenden *-u*-adjectiva in iren bereich ziehen; so ergieng es mit ahd. *hart*, alts. *hard* neben ahd.

---

*) Der einige male sich findende genitiv *filaus* von *filu* (vergl Leo Meyer got. spr. s. 571.) ist nur scheinbare ausname, weil *filu* bekanntlich im gotischen meistens als substantivisches neutrum gebraucht wird; die form *filaus* selbst ist um so entschidener substantivischen charakters, als sie überall nur neben comparativen in der bedeutung ‚multo, um vieles' vorkommt.

herti, mit ahd. *gasunt gisunt*, alts. *gisund*, ags. *gesund* neben ahd. *kasunti*. Vergl. Joh. Schmidt z. gesch. d. indog. vocal. I 35. Die -*i*-stämme hören auch auf zu existieren, zwar scheinbar nicht so schnell wie die -*u*-stämme; denn wärend gewönlich ahd. und alts. -*ja*-stämme daraus geworden sind: alts. *hrêni* im nom. sing. masc., ahd. *hreini, gimeini*, kann z. b. alts. nom. acc. sing. *hrêu* in *hrêu korni* (Heyne glossar z. Heliand s. 229.) noch als -*i*-stamm aufgefasst werden. Natürlich aber würde ein solches alts. *hrêu*, ahd. *gimein* (neben *gimeini*), da die sprache von dem charakter derselben als -*i*-stämme längst kein bewustsein mer hatte, one schwirigkeit auch als -*a*-stamm flectiert werden können und nötigen falles flectiert werden müssen. — Hinsichtlich der participia auf urspr. -*ant*- (die auf -*ans*- nur in got. *bēr-usjō-s* als -*ja*-stamm und substantivischen gebrauches, Schleicher compend.³ §. 218. s. 392.) gibt uns das gotische für unseren zweck keine aufschlüsse, da die erhaltenen formen consonantischer flexion sich nur beim substantivisch gebrauchten participium finden, hier also nicht in betracht kommen, im übrigen aber die participia praesentis im gotischen, mit ausname des nom. sing. masc., nur schwache form haben. Ausserhalb des gotischen aber zeigt namentlich das altsächsische deutlich die verdrängung des alten consonantischen participialstammes durch einen um -*ja*- vermerten, wie die slawischen und litauischen sprachen. Schleicher compend.³ §. 229. s. 452 f., Heyne kurze laut- und flexionsl. s. 263 f. Das endzil also, welches die nivellierung der adjectivischen stammbildung schon im althochdeutschen und altsächsischen erreicht, ist gar nicht versciden von dem auch im altbulgarischen wargenommen: nur -*a*- und -*ja*-stämme bleiben schliesslich noch, und aus disen bildet sich ganz zuletzt im mittel- und neuhochdeutschen bei noch weiterer nivellierung eine einzige adjectivflexion, in welcher nur vereinzelte besonderheiten auf die frühere zweiheit von -*ja*- neben -*a*-stämmen hinweisen, wie umlaute in der wurzelsilbe und ein auslautendes -*e* in der sogenannten unflectierten form des als prädicat gebrauchten adjectivs (*mild-e, müd-e, öd-e, bös-e, blöd-e, zäh-e, dürr-e, streng-e, eng-e*), das aber auch noch felen kann und öfter sogar gewönlich felt (*fest, süss, dick, dünn*). Dialekte sind, wie bekannt, in der erhaltung dises nemlichen -*e* treuer als unsere schriftsprache.

Alles also zilt, wie wir sehen, im lateinischen und seinen nordeuropäischen schwestersprachen auf eine möglichst vollständige uniformierung und gestaltung der adjectivflexion nach einem oder wenigstens nur einigen äusserlich nicht ser verschidenen mustern ab. Beim substantivischen nomen herscht bekanntlich zwar eine gleiche strömung der sprache, die stammbildung und declination zu nivellieren; aber hier ist sie erstens lange nicht so durchgreifend und geht zweitens auch nicht einen so schnellen schritt wie beim adjectivum. Das zeigte sowol das lateinische, welches consonantische substantivstämme nicht so vollständig wie die adjectiva in die -i-declination hineinfürte, als auch die deutschen sprachen, das althochdeutsche und altsächsische z. b., wo substantivische -u-stämme sich länger einer eigenen flexion folgend erhielten als die mit urspr. -u-gebildeten adjectiva. Der treibende grund aber, welcher die sprache dise uniformierende richtung beim adjectivum einzuschlagen bewog, war unzweifelhaft kein anderer als, um es kurz zu sagen, die in späteren lebensperioden der sprache immer grösser werdende herschaft des gedankens über die zu seinem ausdrucke dienende lautform. Der sprachgeist hatte nach und nach ein deutliches bewustsein von dem adjectivum als einer ganz bestimmten und für sich den übrigen teilen der rede gegenüber abgeschlossen dastehenden wortkategorie gewonnen; er fülte, zu welchem ganz individuellen zwecke das adjectivum dem sprachlichen gedankenausdrucke diente. In folge dessen muste er allmählich die überkommene grössere mannigfaltigkeit der formenbildung, den apparat einer auf die form alle sprachbildende kraft verwendenden urzeit, als eine lästige fessel empfinden, und er entledigte sich derselben, um für eine und dieselbe lautlich darzustellende form der vorstellung auch nur ein oder doch möglichst wenige lautliche mittel zurückzubehalten. Truppen, welche denselben dienst im here versehen, pflegt man die gleiche uniform zu geben So sucht es auch die sprache zu machen, sobald ir das bewustsein aufgegangen ist, dass gewisse ursprünglich durch vilfache lautliche mittel geschaffene bildungen einem einzigen sprachlichen und grammatischen zwecke zu dienen berufen sind. In dem bestreben der sprache aber, überflüssig gewordenes über bord zu werfen, unterstützt sie die macht der analogie und die anziehungskraft, welche die durch die häufigkeit des gebrauches überwigenden formationsweisen auf minder häufige gebilde von der gleichen gattung und function alle zeit in der sprache auszuüben vermögen.

Aber die form ist bekanntlich spröde, und ganz gelingt es dem uniformierenden gedanken selten sein werk zu vollenden. Wo darum auch diser uniformierende gedanke der spröden form eine gelegenheit bietet sich zu halten, da ist der ursprüngliche formenreichtum zu guter stunde bei der hand und was sonst unrettbar verloren gegangen wäre, erhält sich, weil es gewissermassen neue pflichten übernimmt und weil die neuen functionen, zu deren lautlichem träger die alte form wird, ir den bestand für die zukunft sichern, ir gleichsam eine neue zukunft verbürgen.

Wir wissen nun, dass der alten sprache eine grosse fülle nominaler n-stämme zu gebote stand und zwar namentlich auch solcher n-stämme, welche sich vilfach als brauchbare gesellen kürzerer vocalischer stämme erwisen. Dise n-stämme, so weit sie adjectivisch waren, ein spröder und von der uniformierenden bewegung der sprache schwer zu beseitigender stoff, erlangten eine möglichkeit nicht unterzugehen dadurch, dass inen eine neue würde übertragen wurde, welche mit irem lautlichen gehalte ursprünglich nichts zu tun hatte, die würde, das zum substantivum erhobene adjectivum auszudrücken. Durch den gegensatz zu dem vocalischen adjectivstamme, der fortan allein noch fähig war, das als attribut oder prädicat gesetzte adjectiv zu vertreten, durch disen empfundenen gegensatz ward der suffixale nasal nunmer zeichen der bestimmtheit, zeichen des mit dem charakter der substantialität bekleideten merkmalsbegriffes, kurzum ein sprachliches symbol. Diser schritt aber, den nasalen stamm als träger jener neuen function dem vocalischen thema entgegenzusetzen, muss, wie wir widerholt schon bemerkten, von der sprache in einer zeit getan worden sein, als Griechen, Italiker und Germanen sich noch nicht getrennt hatten. Dafür sprechen die nun folgenden dem griechischen und lateinischen angehörenden beispile von doppelstämmen.

Was Leo Meyer bereits flex. d. adj. s. 66. und vergl. gramm. II 149 f. genannt hat, mag hier mit ausscheidung einiger zweifelhaften und unsicheren fälle zunächst verzeichnung finden.

Rein adjectivisch der bedeutung nach sind die griechischen wortstämme: στραβό- ‚schilend‘, ψωλό- ‚geil, wollüstig‘, φαγο- ‚fressend‘ in den zusammensetzungen σιτο-φάγο- ‚brot essend‘ und ὠμο-φάγο- ‚rohes fressend‘, κυφό- ‚gekrümmt‘, κνηκό- oder dor. κνᾱκό- bei Theokr. ‚gelblich, fal, isabellfarbig‘, δρομο- ‚laufend‘ in περί-δρομο- ‚herumlaufend‘ und βοη-δρόμο- ‚zu hilfe eilend‘, σκνιφό- ‚knauserig‘, ψύθο- ‚lügenhaft‘. Daneben stehen als die entsprechenden durch das *n*-suffix gebildeten substantiva: στράβων- ‚der schiler‘ (über Στράβων als eigenname hernach), ψώλων- ‚der geile, wollüstling‘, φάγων- ‚der fresser‘ und φαγόν- m. ‚kinnbacken‘ (bei Hesych.), κύφων- eigtl. ‚das gekrümmte‘, dah. ‚krummholz, nackenholz‘, dor. κνάκων- ‚der falc, der bock‘, δρόμων- ‚seekrebs, schiff‘, eigtl. ‚der läufer‘, γνίφων- ‚der geizige, der knauser‘*), ψυθόν- ‚der lügner, verleumder‘.**)

Dise griechischen beispile lassen sich noch durch eine anzal anderer von Leo Meyer nicht genannter vermeren. So existieren als parallele bildungen neben einander mit dem erwähnten bedeutungsunterschid: ἄκρο-ς ‚äusserst, oberst, sich am ende befindend‘ und ὁ ἄκρων = τὰ ἀκροκώλια ‚die äussersten teile des leibes, bes. der tiere, als gericht benutzt‘; ἑλικό-ς ‚gedreht, sich drehend, wirbelnd‘ namentl. vom stromwasser gebraucht (ἑλικώτατον ὕδωρ Αἰσήπου Kall. fragm. 290.), und ὁ Ἑλικών ‚ein viereckiges musikalisches instrument‘, eigtl. ‚das gewundene‘, ferner auch als nom. propr. ὁ Ἑλικών von flüssen und bergen; κενεό-ς ‚ler‘ hat zur seite ὁ κενεών ‚der lere raum, die weichen‘; κοινό-ς heisst ‚gemeinsam, gemeinschaftlich‘, ὁ κοινών ‚der teilnemer, gefärte, genoss‘ und davon entstand durch weiterbildung mit -ο- (übertritt in die -ο-declination) das gleichbedeutende κοινων-ό-ς; neben λάσιο-ς ‚dicht behart, dicht bewachsen‘ steht das substantivum ὁ λασίων ‚ein mit

---

*) Das lautliche verhältniss von γνίφων zu σκνιφός, für welches auch die nebenformen σκνιπός und κνιπός sich finden, bespricht Curtius grundz. d. griech. etym.⁴ s. 695.

**) Ich habe hier und im folgenden einstweilen immer die beiden suffixformen -ον- und -ων- schlichtweg als gleichwertig behandelt. In der tat sind beide lautgestalten meiner überzeugung nach in irem letzten grunde ganz identisch und nur variationen einer und derselben grundform; doch verweise ich betreffs der zu erwartenden rechtfertigung diser auffassung auf einen späteren abschnitt in diser untersuchung, der von dem bildungsunterschid des schwachen masculinums und femininums im deutschen handeln wird.

waldung oder gebüsch dicht bewachsener ort'*); von λορδό-ς ‚vorwärts gekrümmt, einwärts gebogen' (stellung beim beischlaf) ist abgeleitet Λόρδων, der dämon des unzüchtigen beischlafes, Plat. com. bei Athen. X p. 442. a.; σινδρό-ς (aus *σιν-ρό-ς = σιν-α-ρό-ς) ist adjectivisch ‚schaden stiftend, schädlich' = βλαπτικός, πονηρός nach Hesych., σίνδρων substantivisch ‚der auf seines herren schaden bedachte sklave' = δουλέκδουλος, Seleuk. bei Athen. VI p. 267. e.; σκιρρό-ς (auch σκιρός, σκειρός, σκηρός geschrieben) bedeutet ‚hart, fest, abgehärtet, verhärtet', ὁ σκείρων (σκίρων, σκίρρων) ist ‚der harte, strenge nordwestwind' in Attika, als personification der bekannte und berüchtigte räuber in der Theseussage.**)

Das frappanteste beispil von allen aber ist das adjectivum οὐράν-ιο-ς ‚himmlisch' neben der davon abgeleiteten bildung οὐραν-ίων-ες. Wärend jenes für alles, was mit dem οὐρανός in beziehung steht (θεοί, ἀστήρ, πόλος, νεφέλαι, ὕδατα), attributivisch gebraucht wird, bezeichnet οὐρανίωνες stäts ein ganz bestimmtes, das allen wol bekannte geschlecht der himmelsbewoner, die θεοί οὐρανίωνες. Nur einmal, Il. E 598, sind mit οὐρανίωνες, aber als ebenso bestimmt gekennzeichnet, die vom Uranos ir geschlecht herleitenden Titanen gemeint. Immer

---

*) Die auch vorkommende betonung λασιών, λασιῶν-ος wird iren ursprung daher haben, dass das wort, wozu ja seine bedeutung anlass gab, im sprachgefül an die ὀνόματα περιεκτικά, die wörter, welche eine localität bezeichnen, wo etwas sich in menge befindet, herangerückt ward. Betreffs des städtenamens Λασιών oder Λασιών bemerkt Stephanus thes. s. v., dass die analogie von Σικυών für die betonung Λασιών spreche. Aber eben dise analogie wird in disem falle eine irre fürende sein: sonst gehen ja die περιεκτικά auf substantivische grundwörter zurück, nicht, wie λασιών, auf adjective. Ganz ebenso wird auch κενεών, κενεῶν-ος, obwol ja dessen ε ganz anderer herkunft ist (κενεό- bekanntlich = skr. çūnyá-), schwerlich vom sprachgefül als heterogen von wörtern wie οἰνεών, περιστερεών empfunden worden sein.

**) Vergl. Preller griech. mythol. II² 290. Alle die verschidenen lautformen würden sich offenbar am besten unter voraussetzung von grundformen *σκερσος, *σκερσον mit einander vermitteln lassen. Doch will sich mir eine überzeugende etymologische erklärung solcher grundformen nicht bieten; denn mit dem von Fick wörterb. I³ 523 angesetzten europ. *skarsa- ‚quer' sehe ich keine änlichkeit der bedeutungen, und identificierung mit ξερος ‚trocken, fest, starr' gienge nur dann an, wenn man letzteres von skr. harṣ- hṛṣjati, lat. horr-ēre (Fick I³ 82 f.) loszutrennen sich entschliessen könnte.

streift der gebrauch von οὐρανίωνες ‚die himmlischen' ganz nahe an den eines nomen proprium.

Auch das nomen τρήρων wage ich unbedenklich zu dem bei Hesychios überlieferten adjectivum τρηρό-ς· ἐλαφρός, δειλός in ganz dasselbe begriffliche verhältnis zu setzen, in welchem οὐρανίων-ες zu οὐράνιο-ς steht. Folgende umstände begünstigen dise meine auffassung. Bei Homer und in der älteren sprache überhaupt, ja fast in der ganzen gräcität (vergl. darüber Steph. thesaur. und Passows handwörterb.) ist τρήρων beständig nur als epitheton ornans der taube gebraucht. Durch disen constanten gebrauch entwickelte sich das wort zum reinen substantivum bei den späteren: ἡ τρήρων = πέλεια. Ich halte es für ser warscheinlich, dass man es so, nemlich als mer substantivisch oder wenigstens als merkmalsbezeichnung in bestimmterer, individuellerer auffassung auch schon bei Homer ansehen muss; dann besagte τρήρων πέλεια oder πέλειας (vergl. Il. E 778. X 140. Ψ 853. 855. 874. Od. μ 63. υ 243. hymn. in Apoll. 114.) dem sinne nach etwa so vil als ‚die' oder ‚eine taube, das bekannte schüchterne tier'. Die zusammenfügung würde gerade so wie bei θεοὶ οὐρανίωνες mer einen appositionellen als einen rein attributiven charakter tragen, und gerade dise beiden homerischen verbindungen, τρήρων πέλεια und θεοὶ οὐρανίωνες, werden uns im weiteren verlaufe unserer untersuchung von besonderer wichtigkeit werden, in so fern als sie für die deutsche verbindung des schwachen adjectivs mit seinem zugehörigen substantiv vorzüglich lerreich und interessant sind. Dass übrigens auch Homer schon wie die späteren das blosse τρήρων in dem sinne von πέλεια, also als selbständiges substantiv kannte, beweist mit sicherheit das bahuvrihi-compositum πολυ-τρήρων ‚taubenreich', das als beiwort von städten (Θίσβη, Μέσση B 502. 582.) gebraucht wird. Und was endlich das formale verhältnis angeht, so kann ja τρήρων unzweifelhaft nur secundäre bildung von τρηρό- sein, wenngleich letzteres bei Homer noch nicht vorkommt; denn τρηρό- aus *τρεσ-ρο- = altind. tras-u-ra- ist mit suff. -ra- aus wurz. tras- gebildet (Curtius grundz.[4] nro. 244., Leskien in Curtius' stud. II 86.), und ein primäres suffix -ran- oder -rān- neben -ra- gibt es bekanntlich nicht.

Ganz änlich wie mit οὐραν-ίων-ες gegenüber οὐράν-ιο-ς verhält es sich nun ferner aber auch mit Κρον-ίων gegenüber

Κρόν-ιο-ς: dises bezeichnet ganz allgemein ‚kronisch, dem Kronos angehörig, im eigen, im geweiht, von im abstammend‘ u. dgl., unter *Κρον-ίων* ist bei Homer immer ‚der ganz bestimmte Kronier‘, gewönlich kein anderer als *Ζεὺς Κρονίων* verstanden. Curtius bespricht das verhältnis der bildungen *Κρον-ίων-* (auch *Κρον-ίον-ος* im genit. Il. Ξ 247, Od. λ 620) und *οὐραν-ίων-ες* zu *Κρόν-ιο-ς* und *οὐράν-ιο-ς* in seinen grundz. d. griech. etym.⁴ s. 628. Er nennt das suffix -ων- (-ον-) ein ‚amplificatives‘ und findet, dass dise und andere nomina mit amplificativen suffixen sich durch eine ‚markiertere bedeutung‘ von den zu grunde ligenden einfacheren bildungen unterscheiden. Das ist richtig, und durchaus nichts anderes als dise von Curtius so genannte ‚markiertere bedeutung‘ ist es auch, was im deutschen jedem adjectivum zukommt, wenn es in seine bestimmte form eintretend den vorher ganz allgemein ausgesprochenen qualitätsbegriff in die sphäre der substantialität hinaufhebt. Wenn wir ferner auch aus der angefürten stelle bei Curtius lernen, dass noch andere amplificative suffixe als dises -ων- (-ον-) dem grundworte eine solche markiertere bedeutung zu geben vermögen, so bestätigt das, beiläufig bemerkt, unsere ganze darstellung von der art und weise, wie das suffix urspr. -*an*- zu der im später so durchaus eigentümlich gewordenen bedeutung gelangte. Nicht ja war es von hause aus oder etwa von natur dazu berufen, eine solche rolle zu spilen, sondern nur sein häufiges vorhandensein neben einem kürzeren vocalischen stamme machte vor allem auf dises mittel aufmerksam, als die sprache nach einem lautlichen ausdrucke für die markiertere bedeutung zu suchen begann. An und für sich hätte ebenso gut auch ein anderes suffix, wenn im die verhältnisse ebenso günstig gewesen wären, sich zu der stellung herausbilden können, welche -*an*- in dem deutschen adjectivum errungen hat. Dasselbe werden uns namentlich auch andere im slawolettischen und sonst für die substantivierung des adjectivs gebrauchte suffixe an späterer stelle unserer untersuchung zeigen.

Das beispil *Κρόν-ιο-ς* — *Κρον-ίων* veranlasst uns noch zu einigen bemerkungen über die verwendung des suffixes -*ιων* zu patronymischen bildungen, dem τύπος Ἰωνικός der patronymika nach der terminologie der alten grammatiker (Bekker anecd. gr. 850). Beide suffixe, sowol -*ιο*- als -*ιων*, bilden als secundäre suffixe patronymische wörter von Homer an; vergl. *Τελαμών-ιο-ς* und *Ἀτρε-ίων*. Angermann in Curtius' stud. I, 1, 55 ff., Fick d. griech. personennamen s. XXXIV. Da *-ιο-* als secundärsuffix die zugehörigkeit im weitesten sinne des wortes ausdrückt, so war es natürlich allein schon fähig, aus einem vaternamen die bezeichnung des zum vater zugehörigen sones zu bilden. Aber durch das aus *-ιο-* erweiterte *-ίων* kommt gleichsam in den patronymischen namen noch der begriff des persönlichen, des nach seiner individualität deutlich bestimmten hinein, und wärend *Κρόν-ιο-ς, Τελαμών-ιο-ς, Πηλή-ιο-ς* als adjectiva ausserdem auch noch sachen bezeichnen können, die mit dem Kronos, dem Telamon, dem Peleus in irgend welcher beziehung stehen (vergl. Il. Σ 60. 441: *δόμον Πηλήιον*), ist es von *Κρον-ίων, Ἀτρε-ίων, Πηλε-ίων* nicht denkbar, dass sie etwas anderes als die zu dem Kronos, Atreus oder Peleus in dem sones- oder nachkommenverhältnis stehende person ausdrücken. Ser richtig bemerkt Angermann a. a. o. s. 56., indem er *-ιων-* in seine beiden bestandteile zerlegt: „Patronymica ergo vis in priore tantum suffixo inest, non in posteriore." Wir werden unsererseits nicht irre gehen, wenn wir eben disem letzteren bestandteile, dem suffixe *-ων-*, den wert zusprechen, dass es der exponent der substantivierung des adjectivischen grundwortes oder, wenn man will, dasjenige formale mittel sei, durch welches die bestimmtere, individuellere fassung des wortbegriffes der voraus ligenden adjectivischen bildungen auf *-ιο-* sprachlich angedeutet wird.

Noch vil reichlicheres material würden wir im griechischen für die vergleichung mit dem bestimmten deutschen adjectivum gewinnen, wenn wir auch die zalreichen eigennamen auf *-ων*, welche neben adjectivis auf *-ο-ς* stehen, wie *Ἀγάθων* neben *ἀγαθό-ς, Ἀρίστων* neben *ἄριστο-ς, Κρίτων* neben *κριτό-ς, Λεύκων* neben *λευκό-ς, Φίλων* neben *φίλο-ς* u. s. w., benutzen dürften. Indes ist uns dis nach dem unseres erachtens überzeugenden nachweise Ficks in seinem buche über ‚die griechischen personennamen' (Göttingen 1874.), dass alle solche formen kosenamen oder hypokoristische abkürzungen aus ursprünglich zusammengesetzten namenformen (nach Ficks bezeichnung ‚vollnamen') sind, jetzt nicht mer, wenigstens nicht unmittelbar mer erlaubt. Vergl. insbesondere über die nomina propria auf *-ων* Fick a. a. o. s. XXIII ff. Was uns hiernach allein zur vergleichung übrig bleibt, wäre höchstens das, dass bei der bildung solcher gekürzten koseformen sowol die griechische als die deutsche sprache vorzüglich gerne gerade die stammform auf -*an*- wälen, wie sich denn ja nach Ficks eigener bemerkung s. XXIV. s. XCVII. griech. Βούλων, Λέζων, Χρέμων, Κράτων mit ahd. *Willo, Wolfo, Grimmo, Harto* formell genau decken. Aber für den vergleich der stammformen auf -*o*- und auf -*ον* (-*or*-) mit den entsprechenden formationen beim deutschen adjectivum und für den gesuchten charakteristischen bedeutungsunterschid beider nominalstämme gewinnen wir unter so bewanten umständen bei den griechischen eigennamen auf -*ων* augenscheinlich keine unmittelbaren parallelen. Dass hie und da eine einzelne namensform auf -*ων* keine abkürzung sei, ist dabei freilich immerhin möglich und eine solche möglichkeit vereinzelter ausnamen wird ja auch von Fick zugelassen. Z. b. für den eigennamen Στράβων finde ich in Ficks buche keinen vollnamen verzeichnet und ist mir auch sonst ein solcher nicht bekannt, aus dem Στράβων durch kürzung hervorgegangen sein könnte, und es wäre also wol möglich, dass diser name darum von uns, wie oben das appellative ὁ στράβων ‚der schiler‘, als beispil für die substantivische natur des stammes Στράβων- gegenüber dem adjectivischen στραβό-ς benutzt werden dürfte. Jedenfalls aber sind solche fälle immer nur höchst vereinzelt, und die anname, dass für dise der zugehörige vollname zufällig verloren gegangen sei, kann füglich nicht abgewisen werden. Gerade das ist ja, wenigstens nach meinem dafürhalten, das überzeugende an Ficks untersuchungen über die griechischen personennamen, dass verhältnismässig nur ein so verschwindend kleiner rest von namen bleibt, der in die rechnung nicht aufgeht.

Aber mag demnach auch die sache bei jenen eigennamen auf -*ων* nicht mer ganz so günstig, wie etwa vor dem erscheinen des Fickschen buches, für uns ligen: etwas früchte trägt uns die berufung an sie, wie ich glaube, doch ein. Erwägt man nemlich, dass auch die kosenamen auf -*ων* offenbar in der sprache lebendigen appellativen nominibus nachgebildet sein müssen, so wird man uns zugestehen, dass auch sie in einem gewissen grade für unsere ansicht über die bedeutung des suffixes -*on*- beweisend sind. Wie die eigennamen ahd. *Brûno, Baldo,* uhd. *Neue, Schöne* als kosenamen ganz gewis nach der analogie der schwachen adjectiva geformt wurden, so beweisen uns auch griechische kosenamenbildungen wie Λεύκων, Γλαύκων, Νέων, Κάλλων ganz unzweifelhaft, nemlich auf dem wege des rückschlusses, dass in hinreichender anzal ableitungen von adjectivstämmen mittels des secundären suffixes -ων- in appellativischem gebrauche und dann mit der bekannten bedeutungsmodification vorkommen musten, da eben solche ja die muster für die überaus reich entwickelte classe der namenbildungen Ἀγάϑ-ων, Ἀρίστ-ων, Φίλ-ων u. s. w. abzugeben hatten. Ebenso würde es ja offenbar auch keine solche aus vollnamen gekürzten und mit neuen suffixen weitergebildeten andronymika wie Θερσί-τη-ς, Γλαυκέ-τη-ς und wie Δαμάσ-τωρ, Θέσ-τωρ im griechischen geben können, hätte eben nicht die sprache über einen genügenden reichtum an appellativen nomina agentis auf -τη-ς und -τωρ zu verfügen gehabt; vergl. Fick griech. personenn. s. XLIV ff. In so fern also dürfen wir immerhin auch die griechischen kosenamen auf -ων, die von adjectivstämmen ausgehen, als argument für unseren zweck benutzen, vorausgesetzt nur, dass wir demselben argument eine mittelbare, keine unmittelbare beweiskraft beimessen.

Allzu vile analogien der art, dass auf den -o-stamm die adjectivische und auf den -ων- oder -ον-stamm die mer substantivische bedeutung verteilt wäre, durften wir uns im griechischen zu finden überhaupt nicht versprechen, und zwar aus nahe ligenden gründen nicht. Wir wissen ja und dürfen es hier am wenigsten ausser acht lassen, dass im griechischen die adjectiva mit consonantischem, speciell mit nasalem stammauslaute noch nicht ausgestorben sind. Berücksichtigen wir dises, so ergibt sich leicht, dass ein zu einem kürzeren stamme auf -o- gebildeter nebenstamm auf -ων-, -ον- immer noch nicht unfähig wurde, als reines adjectivum zu fungieren, vilmer jederzeit auch seinen seitenstamm in der rein adjectivischen bedeutung nach belieben vertreten konnte. In der tat felt es der griechischen sprache ja auch nicht an beispilen, wo der stamm auf -ον- sowol substantivisch als adjectivisch gebraucht wurde, wie in ὁ ἀλαζών „der aufschneider, praler" und ἀλαζόνες λόγοι „aufschneidende, pralerische reden" (oder villeicht schon wie *victor exercitus, victrix causa* zu beurteilen?); ferner auch nicht an solchen, wo beide stämme, sowol der auf -o- als der auf -ων- -ον-, one erkennbaren bedeutungsunterschied als adjectiva neben einander gebraucht werden. Solche beispile sind: αἰθό-ς und αἴθων (gen. -ον-ος und nach Dindorf auch -ωρ-ος), feuerfarbig, feurig, funkelnd*), διπλάσιο-ς und διπλάσιον (spätere form) ‚doppelt‘, ἐθελημό-ς und ἐθελήμων (suff. -μο- und -μον-), willig, freiwillig‘. Und bei diser noch nicht fest gezogenen grenze ist es dann umgekert natürlich ebenso leicht möglich, dass auch der -o-stamm sich substantivisch ausprägt und dass dann beide stämme entweder als ganz synonyme nomina substantiva neben einander stehen oder so, dass man doch zugleich die formale verschidenheit zu einiger bedeutungsdifferenzierung von der sprache benutzt siht. Als hierher gehöriges lässt sich nennen: ἀέλιοι ‚schwäger, deren frauen schwestern sind‘ und εἰλίον-ες dass. (Curtius grundz.⁴ unt. nro. 124.); ἀρωγό-ς

*) Für αἴθων und αἰθό-ς wise ich allerdngs gerne ein änliches verhaltnis nach, wie oben s. 48. für τρίχων und τριχό-ς; denn einiges im gebrauche von αἴθων bei Homer könnte wol darauf hinweisen. Wenn es als constantes epitheton des eisens, σιδήρος, gebraucht wird (Δ 485. Π 173. Υ 372. α 184. hymn. in Merc. 180.); wenn es ausserdem als beiwort von rossen (Β 839. Μ 97.), von stieren (II 488. σ 372.), des lowen (Κ 24. 178. Λ 548. Σ 161.), des adlers (Ο 690.) erscheint; ja selbst wenn es in der begleitung von λέβητες (Ι 123. 265. Τ 244.) und von τρίποδες (Ω 233.) steht: so könnte man an allen disen stellen dem αἴθων wol einen änlichen sinn unterlegen, wie wir in vorhin dem τρίχων in τρίχων τέλεια aus bestimmten gründen notwendig vindicieren zu müssen glaubten. Und wenn ferner Αἴθων bei Homer auch als männlicher personenname (τ 183.) und als eigenname eines rosses (Θ 185., übrigens von Aristarch verworfen) vorkommt: so scheint auch das die erwähnte auffassung zu begünstigen. Indes felen trotz alledem diser auffassung die so ganz bestimmten festen anhaltspunkte, die bei τρίχων durch das compositum πολυ-τρίχων und anderes gegeben waren. Schon dass αἴθων so vielen gegenständen attribuiert wird, hindert, es als die substantivierung eines einzelnen derselben zu fassen. Ausserdem steht im wege, dass Homer das adjectivum αἰθό-ς noch gar nicht kennt und dises, wie es scheint, zuerst bei Pindar Pyth. VIII 66. sich findet: αἴθων aber setzt die bildung von αἰθό-ς nicht so notwendig voraus, wie τρίχων diejenige von τριχό-ς; denn wärend τρί-χ-ων nur secundäre bildung sein kann, können αἴθ-ων und αἰθ-ό-ς beide recht gut unmittelbar aus der gesteigerten wurzel idh- (Curtius grundz.⁴ nro 302.), jenes mit primärem -αν-, dises mit primärem -α- hervorgegangen sein. Endlich beweist selbstverständlich auch die genaue lautliche entsprechung von skr. ḗdh-a- ‚anzündend‘ noch nichts für ein hohes alter von griech. αἰθ-ό-, das ser wol erst in ethnischer und demnach auch in nachhomerischer zeit gebildet werden konnte, trotz Ficks indogermanischen *aidha- wörterb. I³ 29.

bei Homer immer nur substant. ‚der helfer, beistand, förderer‘, bei späteren auch adjectivisch gebraucht als ‚helfend, beistehend‘, neben ἀρηγόν- ‚helfer‘, sowie die zusammengesetzten ἐπαρωγός und ἐπαρηγόν-; αὐλός ὁ ‚flöte, röre, ror, rinne, canal, hölung, öffnung‘ neben αὐλῶν- ὁ und ἡ ‚holweg, schlucht, tal, engpass, graben, canal‘; δόλος ὁ ‚köder, lockspeise, falle, listiger und versteckter anschlag‘ neben δόλων- ὁ ‚kleiner versteckter dolch der menchelmörder‘; δόρκος ὁ neben δόρκων- ὁ ‚reh, gazelle‘ (daneben noch δορκάς,·δόρκη, und δόρξ als feminina mit gleicher bedeutung); δρυμός ὁ neben δρυμῶν- ὁ ‚eichenwald‘ (s. unt. bei τυφῶν-); καῦσος ὁ neben καύσων- ὁ ‚brand, glut, brennende hitze, hitziges fieber‘; κευθμός ὁ neben κευθμῶν- ὁ ‚verborgener, versteckter ort, loch, schlupfwinkel, tiefe, höle‘ (suff. -μο- und -μων-); κῖλο-ν ‚balken, schwengel, pfal, stange, pfeilschaft‘ neben κίλων- ὁ ‚brunnenschwengel‘ Hesych.; κλάδος ὁ neben κλαδών- ὁ (bei Hesych.) ‚schössling, reis‘; κόκκος ὁ neben κόκκων- ὁ ‚kern der baumfrüchte, des granatapfels‘; κοριδός ὁ und ἡ neben κοριδῶν- ὁ ‚haubenlerche‘; κράγγη, neben κραγγόν- ἡ ‚häher‘ Hesych., κράταγος ὁ neben κραταγόν- ἡ (?) ‚weissdorn‘; κραγός ὁ neben κραγῶν- ὁ ‚der schreier‘, dah. ‚specht‘ Hesych.; λῆδος ὁ und neutr. λῆδο-ν neben λήδων- ὁ ‚ein strauch, kretisches cistenrößlein‘; πύλη ‚tor, pforte‘ neben πυλῶν- ὁ ‚tor‘, bes. ‚das grosse eingangstor der tempel und paläste‘ (s. unt. bei τυφῶν-); ῥόμβος, att. ῥύμβος ὁ ‚kreisförmiger körper, kreisel, kreisförmige bewegung‘ neben ῥυμβόν- ἡ ‚kreisförmige bewegung, umdrehung‘; σκορπίος ὁ ‚scorpion, eine krigsmaschine‘ neben σκορπίων- ὁ ‚krigsmaschine, arcuballista‘; τρίβος ἡ (selten ὁ) ‚abgeribener, vilbetretener weg, fusssteig, pfad‘ neben τρίβων- ὁ ‚abgeribenes, abgetragenes kleid‘; τῦφος ὁ ‚rauch, dampf, qualm‘ neben τυφῶν- ὁ ‚wirbelwind, windsbraut, wasserhose *); φάγος, welches auch selbständig und dann substantivisch gebraucht wird, neben φάγων- ‚der fresser‘; χῖλός ὁ neben χίλων- ὁ ‚stallfutter fürs vih‘. Auch γήτης ‚landmann‘ und das davon mit ‚individualisierendem‘ suffixe -ον- abgeleitete γείτων ‚nachbar‘ (Curtius grundz.⁴ unt. nro. 132.) darf hier wol noch genannt werden, falls man

*) Einige, wie dises τυφῶν- und villeicht auch δρυμῶν- und πυλῶν-, sind wol richtiger eher als περιεκτικά oder auch ampliativa zu fassen; doch felen uns, um sicher urteilen zu können, die dann vorauszusetzenden lautformen *τυφεῶν-, *δρυμεῶν-, *πυλεῶν-.

nicht vorzieht, das letztere wort mit Fick wörterb. III³ 265. von einem mutmasslichen griech. *γανο = altpers. gaita- ‚hof‘ herzuleiten. Aber trotz diser vilfach noch nicht fest regulierten stellung der stammformen auf -o- und derer auf -ον-, -ον- zu einander, trotz der leicht verschwimmenden grenze zwischen der adjectivischen function des einen und der substantivischen des anderen stammes lässt sich so vil, glaube ich, doch wol für das griechische mit sicherheit behaupten: der eine fall, dass, wo beide stammausgänge neben einander ligen, etwa -o- für das substantivum und -ον-, -ον- für das adjectivum gelte, dürfte schwerlich häufig vorkommen. Τρίβων als adj. ‚abgeriben, durchtriben, verschlagen, geübt in etwas‘ neben dem eben genannten substantivum τρίβο-ς ist ein solches beispil. Daraus ersehen wir aber, dass -ον-, -ον bereits auch im griechischen entschiden auf dem wege ist, sich dem -o- gegenüber zu einem specifisch substantivischen suffixe auszuprägen. Und bei disem resultat können wir uns, so weit die griechischen analogien für unser deutsches schwaches adjectiv in betracht kommen, durchaus begnügen.

Es bleibt aber noch übrig, schon hier darauf hinzuweisen, welchen mächtigen einfluss bereits in den griechischen beispilen die formenbildung nach einem aufkommenden gesetze der analogie auf die grammatische natur des suffixes urspr. -an- = griech. -ον-, -ον- geübt hat. Um es sogleich auszusprechen: der ganze charakter des suffixes -an- ist verändert worden. Durch das bilden neuer formen nach dem aus ursprachlichem formenreichtum überkommenen dittologischen schema: suff. -an- neben -a- muste notwendig im laufe der zeit das suffix -an- selbst, ursprünglich ebenso gut primär wie -a-, zu einem secundären suffixe werden. Und dis ist bereits im griechischen geschehen.

So entschiden wir uns auch gegen die ansicht Benfeys und Leo Meyers ausgesprochen haben, dass man von neben einander stehenden stammformen auf -an- und auf -a- die letzteren für verstümmelungen aus den ersteren zu halten habe: so wenig ist es umgekert erlaubt zu sagen, -an- sei ursprünglich eine ableitung aus der form -a-, jenes längere suffix falle der classe der secundärsuffixe anheim. Im sanskrit bezweifelt niemand, dass ṛṣ-an- so gut eine primäre bildung ist wie ṛṣ-a-. Mit der entgegengesetzten anname würde man ja vor allem bei der nicht kleinen anzal aller derjenigen nomina auf -*an*- in die klemme geraten, für welche keine nebenformen auf -*a*- erhalten sind. Denn solche als verloren gegangene vorauszusetzen ist offenbar zu kün und entbert jeder positiven unterstützung durch die überlieferten tatsachen der sprache. Auch im griechischen werden nomina agentis mit suff. urspr. -*an*-, wie τέκτ-ον- = altind. tákš-an-, ἀλαζ-όν- ‚der praler', σταγ όν- ‚der tropfen', πευϑ-ήν- ‚der forscher', adjectiva wie ἄρσ-εν- = abaktr. arš-an- ja ganz zweifelsone richtig für rein primäre nominalbildungen gehalten. Ebenso verhält es sich nun aber auch mit denjenigen direct aus der wurzel als nomina agentis gebildeten griechischen wortstämmen auf -ον- -ων-, neben denen der nebenstamm auf -ο- in der sprache wirklich vorhanden ist: ein δρόμων-, φάγων-, ψευϑών- wird, trotzdem dass neben inen die kürzeren stammformen φάγο-, δρομο-, ψεύϑο- erhalten sind, schwerlich anders beurteilt werden dürfen als altind. tákš-an-, vŕš-an-, gr. τέκτ-ον- u. s. w., nemlich als primäre wortbildungen. Denn man ist kaum berechtigt zu sagen, die sprache habe bei der bildung jener φάγων-, δρόμων-, ψευϑών- mit deutlichem bewustsein die stämme φάγο-, δρομο-, ψύϑο- zu grunde gelegt oder sei von disen -*a*-stämmen bei der bildung jener -*an*-stämme ausgegangen, und so müste es doch sein, wenn φάγων-, δρόμων-, ψευϑών- wirklich mit secundärem suffixe gebildete nominalthemen wären. Bei anderen der vorhin besprochenen stämme auf -ων- -ον-, z. b. bei στράβων, γνίφων-, δόρκων-, ist dasselbe freilich schwerer zu entscheiden; auch πόρδων- ‚der farzer' kann ebenso gut direct aus der wurzel, also primär, gebildet sein, als es eine ableitung mit secundärem, individualisierendem -ων- aus πορδή ‚furz' sein kann. Schon diser umstand, dass eine genaue grenze zwischen den primären und secundären bildungen zu ziehen kaum völlig möglich ist, ist für die beurteilung der schicksale, welche hier dem suffixe -*an*- widerfaren sind, von bedeutung.

Etwas mer schein hat es für sich, wenn jemand die suffixe -*van*- und -*man*- als secundäre weiterbildungen der kürzeren -*va*- und -*ma*- ansehen wollte. Nach der gewönlichen und gewis gut begründeten ansicht von dem ursprunge der suffixalen elemente unserer indogermanischen sprachen müssen ja die typen -*van*- und -*man*- um einen pronominalstamm reicher sein als -*ra*- und -*ma*-. Aber wenn dem auch so ist, so treten doch -*ran*- und -*man*- in die historische zeit unseres indogermanischen sprachstammes so durchaus als einheitliche suffixformen ein, dass man auch bei inen kein recht hat, an ableitungen aus -*ra*- und -*ma*- mittels eines secundären suffixes zu denken. Niemand wird es einfallen, skr. *dhár-man-* und *ták-ran-* für secundäre fortbildungen von *dhár-ma-* und *tak-rá-* zu halten, und zwar widerum aus dem einfachen grunde nicht, weil es durchaus unwarscheinlich ist, dass die kürzeren stämme auf -*ra*- und -*ma*- bei der bildung der längeren mit bestimmtem bewustsein zu grunde gelegt wurden. Wir können also auch in $\dot{\varepsilon}\vartheta\varepsilon\lambda\acute{\eta}\mu\omega\nu$- und $\varkappa\varepsilon\upsilon\vartheta\mu\acute{\omega}\nu$-, wenn wir sie mit $\dot{\varepsilon}\vartheta\varepsilon\lambda\eta\mu\acute{o}$ und $\varkappa\varepsilon\upsilon\vartheta\mu\acute{o}$- vergleichen, noch nichts secundäres in der art der wortbildung sehen.

Ganz anders ist es nun aber, wenn bei anderen auf *a* auslautenden suffixen als -*a*-, -*ra*- und -*ma*- der nasale zusatz erscheint. Dass die suffixform -*ιων*- (-*ιον*-) in $ο\dot{υ}ρα\nu\acute{\iota}\omega\nu$-, $Κρο\nu\acute{\iota}\omega\nu$- ($Κρο\nu\acute{\iota}ο\nu$, $διπλασ\acute{\iota}\omega\nu$- zu -*ιο* in $ο\dot{υ}ρα\nu\acute{\iota}ο$-, $Κρό\nu\iota ο$-, $διπλάσιο$-, dass ferner -*ριον*- in $\ddot{α}ξ-ριον$-, $τρι-ριον$- zu dem -*ρο*- von $\ddot{α}ξ-ρο$- und $τρι,-ρό$- sich der art verhalte, dass jene formen aus disen deutlich mittels eines secundärsuffixes -*ων*- (-*ον*-) deriviert seien, wird unmöglich zu bezweifeln sein. Denn ein einheitliches suffix urspr. -*jan*- oder -*jān*- gibt es im indogermanischen nicht und ein ursprüngliches -*ran*- oder -*rān*- kommt, wie vorhin bereits bemerkt, ebenso wenig vor. Desgleichen ist ferner $κε\nu τ ω\nu$- unverkennbar weiterbildung von $κε\nu -τ ó$- = skr. *çūn-já-* durch secundäres suffix -*ān*-. Das -*an*- oder -*ān*- aber ward in disen beispilen durch nichts anderes aus einem primären stammbildungsmittel zu einem secundären als durch den unermüdlichen und von der sprache befridigten trib nach analogiebildungen. Nachdem die alten primären bildungen auf -*an*- einmal zu den primären bildungen auf -*a*- in gegensätzliche beziehung getreten waren und dise beziehung eine einigermassen dauernde zu werden begonnen hatte, da empfand man bald in der sprache das -*an*- als ein stammerweiterndes bildungsmittel secundärer art und liess solche suffixtypen wie -*jan*- -*jān*- = gr. -*ιον*- -*ιων*-, -*rān*- = gr. -*ριον*- aufkommen, die doch dem ursprünglichen suffixbestande unserer indogermanischen sprachen durchaus fremd sind.

Lerreich ist endlich auch die art und weise, wie im griechischen von einem adjectivischen -υ-stamme ein substantivum mittels -ων- gebildet wird. Begrifflich stehen γλύκων- bei Aristoph. Eccl. 985 in der ironischen anrede: ὦ γλύκων ‚mein süsser! mein süsser freund'! und τράχων- m. ‚rauhe, unebene gegend' gewis nicht anders zu den adjectivstämmen γλυκυ- und τραχυ-, als etwa κοινῶν- zu κοινό-, κενεῶν- zu κενεό-, λασίων- zu λάσιο-, κυφων- zu κυφό-. Was aber ire bildung angeht, so kann man nicht gerade sagen, dass γλύκων-, τράχων- nach durchaus falscher analogie, etwa anstatt zu erwartender *γλυκυ ων-, *τραχυ ων-, geformt seien. Wie die themen auf -υ- öfter disen iren stammauslaut, z. b. vor dem comparativ- und superlativsuffixe regelmässig preis geben: γλυκ-ίων γλυκ-ιστο-ς, ebenso konnte dise verdrängung des -υ- auch bei der anfügung des secundären -ων- geschehen: γλύκ-ων, τράχ-ων. Aber dennoch beweist das verfaren der sprache auch bei disen bildungen, wie frei bereits und one schwerfälligkeit sich das griechische des einmal gewonnenen mittels zu bedienen wuste, des mittels, ein adjectivum zu substantivieren durch einfache anhängung eines suffixalen -ων oder auch kurzweg verwandelung der bildungssilbe des adjectivs in ein solches -ων. Im übrigen befolgen, wie ich noch beiläufig bemerke, auch die mit -ων gebildeten kosenamen, denen adjectivische -υ-stämme zu grunde ligen, mit ser geringen ausnamen (wie Πολύ-ων, Fick griech. personenn. s. XXIV.) ganz die gleiche weise, das stammhafte -υ- des grundwortes faren zu lassen, wie die beispile Βάθ-ων, Ἡδ-ων, Θράσ-ων (Θάρσ-ων), Κράτ-ων, Πλάτ-ων beweisen.

Der fortgang der hier begonnenen untersuchung hat den verfasser noch zu folgenden hauptergebnissen gefürt, für welche ich hier vorläufig die form von thesen wäle und deren begründung ich die fachgenossen und kundigen beurteiler meiner schrift abzuwarten bitte.

1. Änliches wie im griechischen zeigt sich auf lateinischem sprachboden: das ursprünglich primäre nomina agentis bildende -*an*- = lat. -*ōn*- dringt allmählich in die secundäre wortbildung ein, zunächst als bildungsmittel für secundäre nomina agentis, dann allgemeiner als suffix von individualisierender und, bei adjectivischen grundwörtern, substantivierender kraft.

2. Auch im deutschen bilden die alten primären nomina agentis mit -*an*- unstreitig den grundstock der ganzen schwachen declination. Dises -*an*- erfärt ganz die gleichen schicksale wie das -*ōn*- im lateinischen; die so aufkommende substantivierung mit -*an*- aber wird auf deutschem boden durchgreifende regel.

3. Das demonstrativpronomen *ta*- schliesst sich naturgemäss an das durch -*an*- substantivierte adjectivum. Dise verbindung wird aber nach und nach so enge, dass, als *ta*- später regelmässig die function des bestimmten artikels übernam, es die aus dem adjectiv gebildete substantivische -*an*-form in den adjectivischen gebrauch als attribut beim artikel zurückzieht. Noch später erfolgt die jetzt herschende völlige abhängigkeit der schwachen form von dem artikel.

4. Der so durch den artikel bewirkte veränderte, nemlich wider adjectivisch gewordene gebrauch der -*an*-form bringt die notwendigkeit mit sich, nunmer eine volle adjectivische n-flexion für alle drei geschlechter auszubilden: für das masculinum und femininum geschiht dis mittels der alten suffixdoppelheit -*an*- und -*ōn*-, welche lautformen nach der analo-

gie der männlichen -a- und der weiblichen -a-declination verteilt werden; das neutrum, eine spätgeborne nachbildung, schliesst sich an die flexion alter substantivischer neutralen -an-stämme an.

5. In folge der vollständigen durchfürung der n-declination beim adjectivum bildet sich überhaupt ein unsere ganze nominalflexion beherschender gegensatz alter vocalischer (starker) und consonantischer (schwacher) n-declination aus; die letztere erhält durch zalreiche übertritte aus der ersteren reichen zuwachs.